带货爆款文案
——打磨能卖货的走心文案

陈烨 著

中国华侨出版社
·北京·

图书在版编目(CIP)数据

带货爆款文案：打磨能卖货的走心文案/陈烨著.—北京：中国华侨出版社,2021.11(2023.3 重印)
ISBN 978-7-5113-8109-5

Ⅰ.①带… Ⅱ.①陈… Ⅲ.①广告文案 Ⅳ.①F713.812

中国版本图书馆 CIP 数据核字（2021）第 178179 号

带货爆款文案：打磨能卖货的走心文案

著　　者：陈　烨
责任编辑：张　玉
封面设计：冬　凡
文字编辑：刘朝慧
美术编辑：李丝雨
经　　销：新华书店
开　　本：880mm×1230mm　1/32 开　印张：6.5　字数：100 千字
印　　刷：三河市华成印务有限公司
版　　次：2021 年 11 月第 1 版
印　　次：2023 年 3 月第 2 次印刷
书　　号：ISBN 978-7-5113-8109-5
定　　价：35.00 元

中国华侨出版社　北京市朝阳区西坝河东里 77 号楼底商 5 号　邮编：100028
发 行 部：（010）88893001　　传　真：（010）62707370
网　　址：www.oveaschin.com　　E-mail：oveaschin@sina.com
如发现印装质量问题，影响阅读，请与印刷厂联系调换。

文案能带货，才是硬道理（序）

有趣却毫无销售力的广告，只是在原地踏步；但是有销售力却无趣的广告，却令人憎恶。

——李奥·贝纳

文案这个职位的门槛很低，因为只要是识字的人都能用笔记本电脑敲出一段文字。只是，文字能否推出"爆款"商品就有待考量了。

判断商业文案好坏的一条"金线"

很多人谈起文案，总会讲六神磊磊读金庸、衣锦夜行的燕公子、银教授吐槽、李叫兽、咪蒙、王左中右、黎贝卡的异想世界、顾爷、新世相、姜茶茶、胡辛束……他们的文案是多么的辛辣、风趣，或者煽情。

但这本书所推崇的，并不是这些网红文章，而是一种"带货爆款文案"，它的目的不是要讨好、娱乐观众，甚至赢得广告大奖，而是能"带货"，也就是把产品卖出去。

因为，能否"带货"，才是检验一篇广告文案好坏的"金线"。有智慧的文案写手，最关心的不是文案的文采与幽默感，而是最终促进成交。让受众开心固然没什么不对，但它的最终目标是增进商品的成交转化率。

很多文案写手都热衷于文艺腔，希望作品具备宜人美感，或者靠出格、出位博人眼球。然而，辞藻华美或者制造噱头的文案，并不等于能让消费者掏腰包来买产品；有时候，简单、朴实、不哗众取宠的文字，更能吸引消费者买单。

大巧若拙，重剑无锋

1946年，第二次世界大战刚刚结束不久，美国市面上出现一本叫《商贩》的小说。作者夸张地将如何做广告描写成了这个样子——

会议正在进行，一个客户突然朝会议桌上吐了口水，并向广告公司经理说："我虽然朝着桌子吐口水了，是一件失礼的事。但是，你们将永远记住我刚才做的事。"

故事中，被客户教训的广告人似乎学到了点什么。那就是，做广告就像街头小贩的叫卖一样，你越是用力叫卖，销量自然也就越高。

这则70多年前的故事，反映了广告的本质，就是广而告之。

文案写手应明白，没有人会为了文学欣赏或娱乐的目的而去读你的文案。欣赏文采，人们会读专业作家或诗人的作品；获得娱乐，人们会看更具幽默感的脱口秀类节目。

某品牌的椰汁，其广告文案一直简单、朴实、有效，给人一种"大巧若拙"，老老实实做椰汁的印象。

这种风格也使消费者对其十分信赖。有一年，不知是什么原因，此品牌椰汁的广告风格突然变得激进，遭到了消费者的群嘲。

文案能打动的读者，只会是那些对你销售的产品感兴趣的人。

明智的文案写手，应该把读者当作站在你面前的、想从你那里得到商品信息的潜在顾客。

好文案，就是纸上的销售员

好的文案写手，会把自己定位为"坐在键盘后的销售员"，他们写出来的文案，是能够打印出来的，是具有无限分身的销售员。

基于这个原则，即使写的文案很"拙"，只要能向受众快速传达了想说的话，也能起到"销售员"的作用。

这是一个消费者注意力稀缺的时代，也就是消费者的耐心是十分有限的。简单、直接的文案，也许只是一个次优的选择，但却比绕来绕去的文案强太多。所以——

三流文案，叫好，不叫座。就是那些看上去很花哨，卖弄机灵，或者堆砌了大量华丽形容词，却不能促进销售的文案。

二流文案，不叫好，却叫座。就是那些貌似笨拙，却单刀直入的销售文案。

一流文案，叫好，又叫座。卓越的广告人都明白，他们不一定要用令自己尴尬的方式，去换取销售上的业绩。他们可以打磨出优雅、风趣又能带货的爆款文案。

带货，简单来说就是影响、带动其他人进行消费的行为过程。带货文案，则是把商品的广告文案做成有趣的内容，这些内容因符合平台算法而获得大流量推荐，并沉淀和分享为结构化数据，再通过社交网络实现几何式裂变。

本书内容包括认识文案的本质、找到受众的痛点、找到有价值的素材、让文案人格化、让文案标题吸引人的招式、写作框架、提升内容感染力的诀窍、传播的注意事项等，并结合具体的产品推广传播案例，有观点、有心得、有理论、有实践，一步一步带您提升文案写作水平和技能。

目 录

第1章
标题定生死

标题决定文案的"打开率" / 002

文案标题与新闻导语 / 004

带货文案多是长标题 / 006

负面标题更能唤起注意力 / 009

恐惧的触发 / 011

内容营销的胜负手 / 015

第2章
夺目攻心

被屏幕主宰的世界 / 017

图片要有绝对的说服力 / 018

舍弃老套的图片 / 020

孩子、美女和动物 / 021

征服"用眼球思考的人" / 024

第 3 章
让带货文案更具传播力

简洁的文案更有传播力 /027

强调一个独到卖点就够了 /031

喜新厌旧的消费者 /034

持续微调,才能培养忠诚度 /037

又长又动人的文案,可以提升说服力 /040

第 4 章
最能击中人心的话

人们"晒"的其实是理想中的自我 /045

人们喜欢与自己相似的人 /048

文案带货与"自我实现的预言" /052

人类渴望归属感 /056

消费者具有攀龙附凤心理 /059

消费者的附庸风雅情结 /064

第 5 章
文案的品位与调性

为你的客户群体"画像" /067

文案要对现实有所超越 /068

可以"鸡汤",但不要"鸡精汤" /072

既要说梦话,也要说人话 /075

人们对有神秘感的事物欲罢不能 /077

唤起情绪的触发点 /080

无声胜有声,尽在不言中 /082

风行水上,自然成文 /084

文案是产品的重要组成部分 /086

第 6 章
文案走心,才能带货

感同身受的力量 /089

触发好奇之心的"知识缺口"效应 /092

对标贴身战 /094

默契策略 /096

降低支付门槛 /098

限时优惠刺激成交 /101

销量领先会引发从众效应 /102

逆反的力量 /106

第7章
"软""硬"兼施

以"硬广"唤起注意，以"软文"给予承诺 /114

软文不死，它只是在不断演化 /117

爆款文案的法律边界 /119

第8章
带货，不是"软文种草"那么简单

软文 ≈ 社论式广告 + 原生广告 /122

超级软文 /124

软文是"做"出来的 /128

打铁还需自身硬 /131

第9章
用"意外"黏住顾客

创造意外的兴奋 /134

用"意外"和"悬念"维持注意力 /137

免费可让大脑勃然兴奋 /142

优质的内容必有回报 /145

广告文案也可以有料有趣 /148

互惠本能产生资讯债权 /149

第 10 章
带货文案是怎样说服顾客的

让权威与证据说话 /153

极端传闻效应 /155

多见效应 /156

多见效应与潜意识广告 /160

存在感决定成败 /162

重复也是力量 /163

第 11 章
好文案都是故事高手

故事是人类理解世界的方式 /167

讲述传奇,而不是考据历史 /173

品牌传说与"超故事" /177

故事之核与品牌意象 /182

"精粹主义"的原始思维方式 /186

结 语
灵感是怎么生成的

大胆地去写吧 /190

让灵感发酵 /192

参考文献

第1章
标题定生死

标题写得好,几乎就是广告成功的保证。相反,就算是最厉害的文案写手,也救不了一则标题太弱的广告。

——约翰·卡普斯

有篇文章的标题是《男人为什么有乳头?》,我想,三秒钟前你尚对动物生理学没什么兴趣,但一看到书名的这个问题,便发现自己想不出现成的解释,你就会渴望有所了解。好奇心激发出来,火种也就随之点燃。

文案界,是一个鱼龙混杂的世界。

仿佛随便什么人都能用笔记本电脑敲出几篇文案来。

然而,这个世界的真正残酷之处在于:它是一个"两秒钟的世界"——你只有一秒钟时间让别人看到你,另一秒钟决定是否去了解你（点开你的文章）。

新媒体时代，你只有两秒钟把观众的眼睛引到屏幕上，否则他就会走到厨房里，站在水槽边，掏零食袋里的零食吃。

我们之所以要探讨文案的写作方法，目的之一，就是要让这两秒钟的世界得以延长。

标题决定文案的"打开率"

新媒体文案有所谓"打开率"的概念。它是指，在折叠栏里点开公众号文章的人数，除以文章推送的到达人数（粉丝数）。

文章的打开率，90%取决于文章标题。如何用鲜活的标题提高文案的"打开率"，拟一个带有冲击力标题，是文案写作的基本修炼。

"语不惊人死不休"、不择手段将文案的标题从海量的可选项中"跳"出来，难道不是文案写手的本分？

于是乎，"承诺+清单式标题"，几乎成了屡试不爽的标配：

《10种成为好主管的方法》；

《3个步骤让你的生活更快乐》；

《16个细节看透人心！（来自中情局心理报告）》。

甚至不少吸引人打开的是恶趣味式标题——

《七男大战一女》打开发现其实是《葫芦娃》；

《震惊！一家34口灭门惨案！》看配图才发现原来是34只老鼠；

《短裙、豹纹、细腰的嗜血杀手》打开后竟然是孙悟空。

20世纪20至30年代，尤里乌斯父子经营着一家专门出袖珍型图书的出版公司，这家公司的销售渠道以邮购为主，每本定价5~10美分。其销售总量超过2亿册。

尤里乌斯的促销绝招是不断为书改变书名，或者加工副标题，以激起读者的购买欲。

比如，有本书名叫《金羊毛》(The Fleece of Gold)，年销量只有5000册，尤里乌斯为它加了个副标题——"追求金发情妇"(The Quest for a Blonde Mistress)，第二年的销量增长了10倍。

再如，有本书名叫《卡萨诺瓦情史》，尤里乌斯改了个名字，叫《史上第一情圣：卡萨诺瓦》，第二年销量增长了3倍。

尽管我们反对这种庸俗的标题，但它对眼球的吸引力是显而易见的，因为它迎合了人类行为的特征。

这些文案手段正充斥着互联网，从目前来看是有效的，但时间久了人们就会获得免疫，这种标题就会沦为陈词滥调。到了某个临界点，它们甚至会沦为垃圾。

作为文案写手，你的使命就是终生与陈词滥调做斗争，保持文章从标题到内容表述形式的新鲜感。

文案标题与新闻导语

文案的标题，与新闻报道的导语一样，它包含了叙事的诸多要旨。多次获得社论写作奖的唐·威克利夫说："我一直认为，如果我只有两个小时写完一篇报道，那么最佳计划是花前一小时四十五分钟写成一段出彩的导语，之后自然就水到渠成了。"

在导语之后，其他信息按照重要性递减的顺序呈现，新闻从业人士称之为"倒金字塔"结构。倒金字塔结构是按照新闻价值的大小，即新闻事实的重要程度、新鲜程度，以及读者感兴趣的程度等，依次将新闻事实写出的一种结构形式。

这对带货爆款文案的写作也是有重要借鉴意义的，因为读者的注意力非常稀缺，按照"起承转合"的写法，恐怕没有几个人会耐心看你的广告。

据说，倒金字塔结构写作法，产生于19世纪60年代美国南北战争时期。美国内华达大学新闻学专家威廉·梅次在谈到这种结构形式产生的背景时曾说："以前，记者是按时间顺序写消息的，在报道事件时，把最新发展写在消息的最后。但是内战时期的记者把绝大部分稿件通过电报发回报社，当时电报是新发明，还不大可靠。它有时发生故障，或被敌人割断电线，或被军队优先占用。任何一种情况都可能把记者正在拍发的消息打断。结果是，写在结尾的最新新闻，来不及在当天的报纸上刊登出来。为了避免不可预测的事情发生，记者开始把最重要的新闻放在最前面，使报社尽可能收到最新消息。"

同样道理，对于带货文案而言，好的标题就是成功的一半。那么，为什么有的文案写手就是做不到呢？

因为，有时文案写手会沉溺于细枝末节，却看不到文案的核心，抓不住消费者认为重要或感兴趣的内容。埃德·克雷是南加利福尼亚大学传播学教授，有近30年新闻教学经验。克雷认为："一篇稿子写得越久，就越容易迷失方向。你会变得像盲人摸象一样，见树不见林，最后连文章主旨都给忘了。"

一篇带货爆款文案，消费者甚至只看标题就知道"买买买"之后能获得什么好处。

带货文案多是长标题

传统观点认为：标题应该简短、有吸引力，不要太深奥和太多的创意性，确保你的卖点集中。然而，网络上的所谓"爆款文章"，有一个趋势就是标题越来越长。这与整容整成同一张脸类似，是一种超限竞争的必然结果。

《人物》是一本历史悠久的杂志，它的内容制作非常扎实。

《人物》和某微信公众号都写过关于艾玛·沃森的文章。对于同一个选题,《人物》杂志的标题为"艾玛·沃森,赫敏之后找自己",通过标题,大概明白这是一个童星超越过去的成长故事,总体来说是比较"稳"的。

而该微信公众号的标题就很"浮"了:《拒绝英国王子后:比起当王妃,还是做自己的女王大人更有趣》。

显然,前者的标题更含蓄,而后者则有一股草莽气息。但后者更适合网络传播,放在网络平台上,前者的竞争力会弱于后者。由此可见,传统媒体和新媒体的传播途径是截然不同的。

因为在手机上,即使有人用一秒钟留意到你,也不一定会喜欢上你;即使有人用一秒钟喜欢上你,也未必会愿意动动手指点开你的文章。

现实如果这样残酷,文章作者索性就把这篇文章概括为一句话。

这下好了,有些读者读完这个"主谓宾定状补"全须全尾的奇怪标题,大脑开始忍不住思考一些问题,就会控制不住去打开文章了。就算你不打开,也会领略我的文章的主旨！这样你遇到同类型话题的文章很可能也不再打开。

刻意制造"寻找有违常理的戏剧性冲突"也是导致超长标题的一个原因，比如《我在联邦调查局工作期间如何通过与狗熊发生关系而遇见了佛陀》。

在一个"秒懂""秒杀"大行其道的时代，对瞬间意志的争夺，才是真正的终极对决。销售的决胜战场已经转移到屏幕之上，在那方寸之间，在那瞬息之间。

信息过剩对应的是受众注意力的稀缺，这注定让标题成为内容竞争的最前锋。

"倒金字塔"结构的信息前置，也会让标题越来越长。

通过"一句话新闻"式的信息前置，可以有效筛选目标受众，感兴趣者自会打开；不感兴趣者也会产生一闪而过的印象。

此外，在互联网上，长标题的文章也有利于搜索引擎的优化，有利于被目标受众搜索到。

很多人把文案等同于创意或"文笔"，甚至把它看成一种"语不惊人死不休"的前卫艺术，这其实是对客户的欺骗，对受众的骚扰。平庸的文案写手常常醉心于"文笔"

不可自拔，或者陷入抖机灵的迷阵里。

这种孤芳自赏，就像大卫·奥格威批评的那种广告人一样，其实他们什么也没有卖出去；他们的野心就是让他们的惊人之语获得争议；他们诱骗不幸的客户一年花几百万来展示他们的创意；他们对他们宣传的产品不感兴趣，还认为消费者也不感兴趣，所以，他们几乎不提产品的优点。他们充其量是些让人找乐子的人，而且是很蹩脚的那种。

负面标题更能唤起注意力

塞内加有一句非常有道理的话："请告诉我谁不是奴隶。有的人是'色欲'的奴隶，有的人是'贪婪'的奴隶，有的人是'野心'的奴隶，所有的人又都是'恐惧'的奴隶。"

负面标题比正面标题更能引起我们的注意，比如——

《如何正确地鼓励孩子》；

《这样夸，毁掉了多少孩子》。

显然后者更可能有更高的打开率。

人类大脑处理信息时，会给危险信息以更优先的权重。比如人身安全、司法不公，都能够激发人脑中的警觉，这是进化的结果。

我们的祖先，在面对生存环境中危险的因素时，必须有"过敏"反应，才能有更高的生存概率，这是上万年演化筛选的结果，我们都是"受迫害妄想狂"的后裔。

■ 进化习得的警觉本能：同样是危险标志，人们对骷髅符号最为敏感。

人脑给予优先权重的信息主要为四类：恐惧的、激动的、新奇的、困惑的。那些惹人疯转的爆款文案，绝大多数都是这四种类型，而且文章标题上将这四种信息展示发挥到了极致。

恐惧的触发

恐惧感是人类最原始的情绪之一。如果说"快乐"是诱惑我们行动的胡萝卜，那么恐惧就是驱使我们行动的大棒。大棒比胡萝卜更有效。

比如，很多商品的广告，就是利用了我们的"惧"这种情感：惧怕肥胖、惧怕衰老、惧怕落伍……自来水水质问题，催生了净水器行业；食品安全问题，催生了有机食品行业；PM2.5问题，催生了空气净化器行业。

某些医疗广告也是如此，本来很普通的疾病，偏要举出吓人的例子，对患者进行恐吓。然后他们的医疗产品或服务才售出。比如，有的广告宣称"少妇因老公打鼾而红杏出墙"。某前列腺疾病治疗广告宣称，不及时治疗可能会导致严重的后果……但，这些也只是一种"可能"，并且是小概率事件。

行为经济学的研究证实，人们总是"执着于小概率事件"。比如，乘坐飞机其实是比在大街上走路更安全的交通方式，但很多人都有"飞行恐惧症"，却没有"散步恐惧症"。当潜在患者看到这些广告后，就会心神不宁。

社会心理学家和研究消费者的学者已经花了半个多世纪的时间研究恐惧。比如，出售一块质量合格、制作环境卫生的白面包，它很难和恐惧相联系，直到商家向人们展示精白面粉有可能致癌的研究报告，开始有人对白面包产生了恐惧感。再比如，一个布置温馨的房间，也很难让人产生恐惧感。商家又拿出一份报告，说无色无味的甲醛，宛如幽灵一般，当你在家里安安稳稳地睡觉时，它们可能正从家具里缓慢释放出来，致使你和你的家人患上癌症，只要有理有据，恐惧都会驱动人们去消费。

登录美国某著名品牌洗手液公司的官方网站，你会看到诸如此类的科普：

2003年，由美国微生物学会组织的一项调查发现，95%的美国人声称自己在使用公共厕所后会洗手，但是实际上很多人都是光说不练，比如使用机场公共厕所的乘客中，在纽约机场从不停下来洗手的超过30%。在迈阿密机场有19%。

1972年，《美国医学会杂志》讲述了一项研究：他们培养了来自200枚硬币和200张纸币的病毒，并在13%的硬币和 42% 的纸币上发现了粪大肠菌群和葡萄球菌。这篇论文得出结论："钱真的很脏"。

看了这些内容，你会意识到，这个品牌的洗手液简直就是为了解决这些问题而生产的，你几乎有百分之百的理由购买这个品牌的能够杀菌的洗手液。

1900 年，李施德林漱口水（Listerine）利用那个令人不快的词语"口臭"掀起了一阵热潮。在 1919 年的《妇女家庭杂志》上，奥多诺止汗剂的广告文案撰稿人用了这样一个标题——"在女性臂弯里"，这简直让人大跌眼镜，同时也导致女士们对自己的"高雅品位"产生怀疑。戈乔公司也用同样的手法对待细菌。他们拿细菌大做文章，让它成为一件需要考虑且令人恐惧的事情。这些广告都对人们造成了恐惧。结果，李施德林漱口水现在拥有了高达 53% 的市场份额。奥多诺也凭借那个特立独行的广告标题，将销量提高了 112%。

一般而言，这类广告文案，分为陈述事实和给出方案两个部分。

陈述事实：据统计，即使是整洁的家，平均每张床上、被褥上的螨虫至少有 1500 万只。

给出方案：发现一款超给力的除螨吸尘器。我们一生中约有三分之一的时间在床上度过，但在每个床垫中都能找到近 200 万只尘螨，这意味着床垫中有 4000 多万颗尘螨排泄物。为此，戴森工程师研制了吸力强劲的手持式吸尘器。

为什么这种广告往往能够奏效呢？

一言以蔽之：压力。恐惧带来压力。压力导致人们产生购买欲。流行病会让人产生怕被传染的压力；错过一次大减价会造成失落的压力；不知是否选择了合适的轮胎会导致关心个人安全的压力……

如果你已经确定自己的产品或服务确实能够缓和某种能造成恐惧的问题，那么你还需要知道触发恐惧的步骤。在《宣传时代》一书中，作者普拉卡尼斯和阿伦森提出，具备以下条件时，恐惧心理最有效：

1. 把人吓得失魂落魄时。
2. 能为战胜那种引起恐惧的威胁提供具体建议时。
3. 对方认为推荐的方案能够有效地降低威胁时。
4. 消费者相信自己能够实施广告推荐的行为时。

这种策略的成败依赖于上述四个要素是否全部具备。缺少其中任何一个，都不会奏效！

此外，如果你在人们心里引起过多的恐惧，结果也会适得其反，那样会把人们吓得不敢采取行动。只有你的潜在客户相信自己有力量改变自己的处境时，恐惧才会激发他行动起来。这意味着，为了巧妙而有效地引起恐惧，你在广告中推荐的降低威胁的方法必须具体，既可靠，又有可行性。

内容营销的胜负手

小米科技创始人雷军，非常注重包装与外观。在包装、产品上，比如说，字体、字号大小、怎么摆，这些细节雷军都会过问的，包括小米微博里发出去的每张图都是雷军审定的。

不仅广告展示风格要改变，写文章的、做电影的、做演出的，甚至歌手都要与时俱进，改变呈现的方式。

所谓的"内容创业"是这几年的一个风口。

然而，真正能分到"内容创业"这杯羹的，还是过去那拨做内容的人。他们之所以能分到这杯羹，是因为率先进化出了一种适应这个时代的"呈现形式"。

比如罗振宇本来是电视台的编导，吴晓波本来是编书的，papi酱本身就是学传媒的。可见，"内容"没变，改变的只是呈现的方式。上天赏给你的，还是那碗饭，只是容器变了而已，你要适应这种变化。

不能适应这种变化的，只能被淘汰。

就一本书而言，封面的书名是它自我展示的"黄金地段"，其次是扉页，然后是各章的标题。标题这个"地段"太金贵了，必须做出取舍！按照传统书籍撰写手法，本章标题、内容顺序，是不太符合逻辑的。按照内容索引的逻辑，这个标题确实有一些不够精确。

老派的畅销书编辑都有这样一则信条，叫作"七页法则"。他们假设读者会在书架前抽出一本书，浏览完前七页判断一本书的价值，再决定买不买。

时代已经变了，读者再也不会读七页后再下决定，读者最多只给你两秒钟的机会。所以，撰写标题，事关生死。在"黄金地段"，只能展示最具吸引力的信息，除非你不在意它的销量。

第 2 章
夺目攻心

如果你能在第一时间以视觉效果吸引观众，你就会有更多的机会留住他们。

——大卫·奥格威

一张图片胜过千言万语。你拿起一本书时，首先看什么？肯定是先看图片啊。当然，如果你能用精美的画面和醒目的标题去吸引读者，他们可能会接着去读文案，所以，如果可能的话，你应该考虑图文的配合。

被屏幕主宰的世界

人类已经进入一个被屏幕主宰的世界。

电影院是巨屏、电视机是大屏、电脑是中屏、手机是小屏、智能手表是微屏……

我们正淹没在信息的洪流里。在移动互联网上，每一秒钟都有成千上万种花招儿在招揽关注。

信息的超载，必然导致注意力涣散。

当乔布斯还是个顽童的时候，可以在电话黄页中直接找到惠普老板的电话打过去。对方接到电话后还愿意跟这个素未谋面的孩子聊上几句，那种注意力过剩的黄金时代很难再出现了。

相较于让人喜欢你，让人注意到你是更为残酷的竞争。你必须倾尽洪荒之力，才能让别人注意到你。

多屏时代，我们对第一印象的依赖不是减弱了，而是加强了。我们往往在看清楚事物之前，就知道自己喜欢什么了。

你只有一秒钟的时间去打动客户，所以要做到：先声夺人，夺目攻心！

图片要有绝对的说服力

我们是善于通过视觉做决策的物种。所以，你要保证图片内容具有绝对的说服力才行，那些如同隔靴搔痒的图片不如不放。要尽量惜字如金,让呈现的内容字字珠玑!放心吧,没有人愿意使用宝贵的精力去读完你巨细靡遗的介绍。

图片比文字能更快地启动我们的注意力本能。比如,最有冲击力的戒烟广告,不是文字,而是肺癌患者病灶的解剖图。所以,澳大利亚这个国家强制规定,要把吸烟者病变的器官图片印在烟盒上。

此外,一组具有视觉冲击力的对比图,胜过千言万语。最常见的例子是减肥或整容广告,通过前后照片对比,可达到惊人的说服效果。

研究证明,在广告中使用图片作为开场白,通常可以让效果成倍地增强。

探探是一款陌生人约会软件,它的机制很简单:用户先通过手机号登陆,然后软件基于用户的地理位置向其推荐可能的约会人选。当一个新的约会者被推荐时,其照片和极简短的个人描述便会占满整个屏幕。

探探的成功在于其简单的操作方式:当一个约会者出现后,用户可以在屏幕上向左划,表示不感兴趣;或者向右划表示感兴趣。如果双方都向右划，那么配对成功，双方就可以进入聊天模式。

探探这种方式，鼓励人们通过颜值、品味、财力等元素，快速对他人做出评价，只需要 0.5~5 秒，就可以给一个陌生人在心里打分。相比之下，传统的相亲交友速配活动只能算是"慢配"，诸如"三分钟交友"之类的约会匹配游戏，需要参与者花 3~5 分钟才能去互相了解。这也有助于解释为什么探探能在微信、世纪佳缘、陌陌的夹缝中突围。

因为这是一个为迎合我们第一印象而设计的 APP。既然我们在最初的一秒钟就可以对约会对象做出大致的筛选，那又何必花更多时间去逐个了解对方的爱好、星座和学历呢？所以，快速刷屏就是了。

舍弃老套的图片

很多精油产品的广告配图，都会选择性感成熟的美女。而作为一种香薰用品，阿芙精油却独辟蹊径。

提到阿芙，在紫色薰衣草丛中奔跑的金色长发小女孩这个画面就会出现在很多人的脑海里面，这是保加利亚摄影师 Elena Karagyozova 为自己女儿拍摄的照片，渲染了纯粹、自然的气氛。阿芙从 Elena Karagyozova 买到版权后，这位纯真的小女孩在薰衣草田里奔跑的形象，就与阿芙精油的品牌内涵融合为一体了。

要舍得丢弃那些画面风格老掉牙的老套画面，它们已经不能给人以新鲜的冲击了。

有一位艺术总监这样建议：你可以把作品倒过来看一看。商品 logo 通常都放到右下角，你把它放到左上角试试。产品的图片通常做得很小，你做大了试试。标题通常都做得比广告内容醒目突出，你反过来试一试，可能违背了常规，但每次这样做后，也可能会收到意想不到的启示。

孩子、美女和动物

图片的价值，在于它能让"两秒钟的世界"得以续命一秒钟。

在智能手机时代，打开一篇文章后，首先映入读者眼帘的通常是图片而非文字。

即使在传统纸质阅读时代，相当大一部分读者的习惯是先"读图"。

配图可参照广告学上讲的"3B 原则",即选择——

美女(beauty);

婴儿(baby);

动物(beast)。

这是人类的天性中不可抵抗的事物,会激起受众的性欲、母爱和怜悯,都是令读者持续读下去的有效方法。

一些软文中常插入性感的美女图片来吸引眼球,这在新媒体时代屡见不鲜。比如让穿着暴露的女模特靠在售卖的汽车旁,类似做法古已有之。

■美国早期的自行车广告

第 2 章　夺目攻心

再如，摄影师解海龙为希望工程拍摄的"大眼睛"女童苏明娟，是非常能打动人的一张宣传画，这张宣传画的力量简直胜过千言万语。

■ "大眼睛"女童苏明娟

国外某品牌卫生纸的电视广告，讲的是一对新婚夫妇，喂养了一只宠物狗，小狗将卷纸拉得很远，宛如一条白色的布条。画面温馨活泼，充满幸福。将动物作为文案配图的主角也是屡试不爽的成功策略。因为动物在被赋予了情感和行为之后，能产生新奇的幽默感，带给阅读者的是轻松愉悦的心理体验，这就是萌宠对潜在购买者所产生的一种神奇的说服力。

征服"用眼球思考的人"

我们的旧脑对视觉是敏感的。这是因为视觉神经直接与旧脑相连,而且视觉神经的反应速度是听觉神经反应速度的40多倍。

神经科学研究表明,当你看到一个东西很像一条蛇时,在新脑识别清楚是否是蛇之前,旧脑会立即在两毫秒内发出危险信号,引起你对该物体的反应。

事实上,存在于大脑皮层的视觉中枢通常需要500毫秒来识别这个东西是否真是一条蛇,而神经元间的传导速度在一毫秒左右,旧脑中视觉神经的处理速度已经接近于神经元的传导速度,这使旧脑可以迅速反应,当然,有时也会显得过于匆忙。当我们看到一个物体像蛇,而旧脑没办法来迅速判断其是否真的是条蛇时,它会立即控制我们整个身体,并触发远离危险的动作。这种本能的"低路径处理"发生得非常迅速,以至于脑的其他高级功能都来不及被"通知"。当信息"爬行"到脑的新皮层时,人脑会对形势作出更加复杂的分析,大约500毫秒后,人脑才会作出最终判断。

美国圣塔克拉拉大学的萨凡纳教授，最近发表了一篇关于眼动追踪的研究报告，揭示了一系列根植于屏幕眼动过程中的视觉偏见。

萨凡纳请受试者在戴尔网站上选择台式计算机，以此研究现实世界中的情况是否符合这一设想。

多年来，戴尔网站都是按列显示不同的计算机型号，然后按行显示每个型号的属性。通常，一台台式计算机可能有12个不同的属性，包括价格、处理器、显示器、操作系统和保修等。在实验中，一部分受试者被随机分配，根据当前网站的布局挑选一台计算机，而另一部分受试者看到的则是不同版本的网站布局，即产品型号按行显示，而非属性。

这些不同的布局的呈现方式，造成了网站访问者大相径庭的信息处理方式。

当产品型号按行显示后，大部分用户不再那么关注属性，而是相对花更多时间观察产品。当产品型号按列显示时，受试者会比较不同机型的每个属性，如价格或处理器性能等。

有趣的是，受试者最后的选择和他们视线运动的方向有着密切的关系，得到越多视觉关注的属性和产品型号，对最后决策产生的影响越大。

这意味着如果受试者花很多时间注意价格变量，他们可能会对价格更加敏感。反之，如果他们的视觉停留在相对昂贵的机型上的时间越长，就越不关心价格。视觉率先做出了选择。

人的视觉运动偏见的一个重要特点是，倾向于从一边到另一边的横向运动。科学家推测，这种偏见植根于视网膜的感官属性。因此，水平方向显示的信息更为突出。

所以，把更有价值的信息，放在视线最可能经过的地方，即远离边缘区域，进行横向呈现，这样可以大大提高这些信息被注意到的可能性。

第 3 章
让带货文案更具传播力

要做到简单该是多难啊!

——文森特·梵高

世界上最难的事情,莫过于把自己的思想,装进别人的脑袋!然而,这世界就是有些方法,能够将自己的理念"疯传"。你只要理解了带货爆款文案的基本原理,你的产品优点就会随着文本传播,获取你的潜在客户,进而实现成交。

简洁的文案更有传播力

若要使文案产生爆款效应,第一步就是要简洁。所谓简洁,绝不是指"故作愚蠢"以媚俗,或者"断章取义"以求简,也不是说一定得用粗浅词汇以"接地气"。我们这里所说的"简洁",是指核心卖点。

世界畅销童话小说《小王子》的作者安托万·德·圣埃克苏佩里曾为"优雅设计"下了这样的定义:"工业设计师知道自己的作品在臻于完美时,并不在于无以复加,而在于无从删减。"

简洁是智慧的灵魂,在撰写爆款文案时,也应该追求同样的目标:了解某个创意在触及其本质之前可以"删掉"多少东西。

有一种观点将商业文案分为两类:X型文案、Y型文案。X型文案文字华丽,把本来平实无华的表达,写得更加有修辞。Y型文案不华丽,甚至只是简单地描绘出用户心中的情景,却充满画面感。

这种观点贬低前者,推崇后者。比如,同样是推销"与其工作辛苦,不如去旅行"理念的旅行软文,两种文案的表达风格完全不同。

X型文案:乐享生活,畅意人生。

Y型文案:你写PPT时,阿拉斯加的鳕鱼正跃出水面;你看报表时,梅里雪山的金丝猴刚好爬上树尖;你挤进地铁时，西藏的山鹰一直盘旋云端；你在会议中吵架时，尼泊尔的背包客一起端起酒杯坐在火堆旁。有一些穿高跟鞋走不到的路，有一些喷着香水闻不到的空气，有一些在写字楼里永远遇不见的人。

再如，同样是表现笔记本电脑静音的文案，也有两种风格——

X型文案：创造极致，静心由我。

Y型文案：闭上眼睛，感觉不到电脑开机。

诚然，诸如"乐享生活，畅意人生"之类是平庸的文案，但我实在不知道后面所谓的Y型文案与之相比有什么优势！读者真的会有耐心读完后者吗？后者更能带货吗？有销售统计数据支撑吗？

检验一篇广告文案好坏的标准，只有一条，那就是销售转化率！

这种观点认为，Y型文案写手尽管不太擅长华丽的修辞，但却花费大量的时间去了解用户想的是什么，想要用最简单直白的语言来影响用户的感受。"他们可能不太懂语言学、修辞学，也不会押韵、双关和大量修辞，但是他们用了更多的时间去学习心理学、营销学和企业战略。"

这段更是错得离谱。语言学、修辞学不正是千百年来沟通与传播心理学的精髓吗？如果你的语言、修辞不具备说服力和传播力，那正说明你没有掌握真正的语言学和修辞学。

这种观点所推崇的Y型文案，其实就是一种"白话"风格的文案。白话并不是不好，但白话不等于啰唆，受众是没有义务读完你的文字的！

这种论调就好比说，新诗比传统格律诗更好！事实上，无论是新诗，还是传统格律诗都有糟粕和精华。对高手来说，无论用什么体裁都能写出好的文字。只有外行才会强调形式。

同样是推销旅游的文案，我们看看哪一种更能对你有所触动？

——埋头书册何时了，不如抛却去寻春。

——世界这么大，我要去看看。

以美国西南航空的战略为例，其文案非常简单："永远做最便宜的航空公司。"西南航空的老板深知：人们之所以会选择西南航空出行，最大的原因就是它比较便宜。所以才会将"便宜"作为公司的战略。有了简洁易懂的战略目标，一些复杂的情况就有了指导。比如：该不该给顾客额外供应一份盒饭？从让顾客满意的角度，当然应该。但公司的战略是"做最便宜的航空公司"，所以为了拉低成本，就不该额外供应这份飞机餐。

或许，这世界上根本没有所谓的 X 型文案和 Y 型文案之分。有的只是能卖货的文案和不能卖货的文案。

强调一个独到卖点就够了

为什么遥控器上的按键数量总是超出我们实际使用的需要？这要从工程师们的善意出发点开始说起。大部分产品设计工程项目都免不了"贪多求全"的冲动。

A 工程师看着一只遥控器模型，心里可能就会想："咦，这控制面板上还有这么多留白的空间，真是浪费，不如让用户可以通过按这个键切换阳历和阴历吧！"而 B 工程师也会有类似的想法，就这样，遥控器按钮就越来越多，功能也越来越多。

同样道理，在撰写文案时，是不是强调产品的卖点越多越好呢？

恰恰相反，文案写手勉强拼凑的"十项全能"卖点，可读者却嗤之以鼻，并不买账。写过产品文案的都知道，集中火力描述一个核心卖点，比同时表述多个卖点，更容易成功。如果你啥都想写，往往啥都写不好。

以汽车广告为例：奔驰强调的是舒适，宝马强调的是操控，沃尔沃强调的是安全……再以宝洁公司的洗发水为例：海飞丝强调的是去头屑，飘柔强调的是柔顺，伊卡璐强调的是草本……

与其列出10个无关痛痒的卖点，不如提炼一个最能打动用户的点，深深的扎根在他们的脑海里——而什么都说了，就相当于什么都没说。

这是因为，消费者的记忆"带宽"是有限的，若想"抢注顾客心智"，你就要有"一针捅破天"的单点突破意识。

中国人说："一鸟在手，胜过二鸟在林。"瑞典人说："宁可一鸟在手，也不要十鸟在林。"西班牙人说："一鸟在手，胜过百鸟飞天。"波兰人说："手中麻雀，强过屋顶鸽子。"俄罗斯人说："山雀在手，好过白鹤在天。"

比如，豆浆机品牌众多，多数文案强调自己十项全能，强调既能磨豆浆，又能榨果汁等，但某品牌豆浆机突出强调清洗方便不用浸泡，马上占领了市场。

如何检验你的卖点是否"独到"呢？可以尝试把文案里的产品品牌替换掉，如果你提炼的卖点可以安放到任何一个竞争对手的产品上，那就绝对不是一个独到的卖点。

20世纪90年代初，个人数字助理（PDA）节节败退之时，进军这一领域者从无胜绩。就连苹果公司推出牛顿掌上电脑也一败涂地，失败的教训令其他厂商对这一领域望而却步。

美国硅谷知名的工业设计专家汤姆·凯利回顾这段商业史时认为："早期PDA的真正障碍——在于人们希望它无所不能。"

美国手持设备制造商奔迈公司（Palm）的掌上电脑（PalmPilot）很早就悟透了这个道理，因此他们对待功能蔓延倾向采取了强硬手段。

1994年，Palm推出的一款掌上电脑看起来就像一台发育不良的计算机：外观笨重，自带键盘，还有用于连接各种周边设备的多重接口。

Palm掌上电脑研发团队领导人杰夫·霍金斯要求Palm掌上电脑必须保持简单，并能做四件事：日历、联系人、记事本和任务列表。

Palm掌上电脑只能完成这四项任务，但必须完成得非常出色。

霍金斯想出这样一种方法来对付贪多求全——他总是随身携带一块像掌上电脑那般大小的木块。霍金斯常常在开会时拿出木块"做做笔记"，或是在走廊上用木块"查查日程安排"。每当有人向他提议再增加一项功能时，霍金斯就会掏出这块木头反问对方：你看哪里还放得下？甚至Palm迭代到第五代时，仍然坚持这一风格。Palm掌上电脑之所以能成功——"很大程度是因为界定了它不该有什么，而不是该有什么。"

喜新厌旧的消费者

福楼拜这样描写包法利夫人，说她就像任何一位情妇那样，新鲜的魅力像外衣一样逐渐褪去，仅剩下永恒的、单调的激情，具有永远相同的形式和表达。

这并不能证明男人天生喜新厌旧，这只是人类的天性。人类大脑经历过上百万年的进化，取得了非常高的效能。

大脑是极为昂贵的器官，虽然只占体重的2%，但却消耗掉我们20%的能量。习惯，是我们的高效大脑所不得不采取的一种方案。

当我们看懂某种因果关系时，大脑会把这份领悟记录下来。在遭遇相同情境时，大脑就能够快速地从记忆库中调取信息，寻找最合理的应对方法，这就是我们所说的"习惯"。在习惯的指引下，我们会一边关注别的事情，一边在几乎无意识的状况下完成当前的任务。

俗话说，小别胜新婚。当我们习以为常的因果关系被打破，或是当事情没有按照常规发展时，我们的意识会再度复苏。新的特色就激发了我们的兴趣，吸引了我们的关注。

世界上有的地方仍保持一夫多妻制，一位土著向社会学家诉说了自己对两位妻子的感受：她们都很诱人，但每当我同她们其中任何一人共度三天之后，第四天就开始厌倦了。当我去找另一个妻子时，我发现我拥有更大的激情，她显得比前一个妻子更迷人，虽然事实并非如此，因为当我回到前一个妻子那儿时，也会再次燃起同样的激情。

可预见性会导致受众厌倦。类似"罗辑思维"这样的公众号，粉丝数波动应该很大。流失的不乏真粉丝，因为这是粉丝自己创造的变化。人总是会对一成不变感到厌倦的，然而，真粉丝过一阵子还会回来。粉丝流失这个现象，其实也不重要，重新回流的才是真爱！

Zynga是一家社交游戏公司。

2009年，Zynga公司凭借在Facebook上开发的热门游戏"农场小镇"成为举世瞩目的游戏公司。"农场小镇"仅在Facebook这个平台，每月可吸引8380万活跃用户。照料庄稼是农场主人的分内事，因此用户最终必须花真金白银去购买游戏道具并提升等级。

2010年，仅这一项给Zynga带来的创收就高达3600万美元。

快速崛起的Zynga紧接着将"农场小镇"复制到新项目上。它接连推出了"城市小镇""主厨小镇""边境小镇"

等数个以"小镇"为关键词的游戏。到了 2012 年 3 月，该公司的股票价格大幅度上涨，公司市值高达 100 亿美元。

八个月后，Zynga 的股票价格下跌了 80%。人们发现，它所开发的新游戏其实是新瓶装老酒，只是借用了"农场小镇"的外壳，所以玩家的热情很快被耗尽，投资商也纷纷撤资。曾经引人驻足的创新因为生搬硬套而变得索然无味。由于多变特性的缺失，"小镇"系列游戏风光不再。

要想使用户对产品抱有始终如一的兴趣，神秘元素是关键。"农场小镇"这类网络游戏最大的败笔就在于"有限的多变性"，也就是说，产品在被使用之后产生的"可预见性"。

持续微调，才能培养忠诚度

最新的研究证明，多变性会使大脑中的伏隔核更加活跃，并且会提升神经传递素多巴胺的含量，而我们对多巴胺这种大脑奖赏有着本能的渴望。

我们的颅骨中存在着一个地球上进化程度最高的器官——人脑。在这个小小的器官中，竟容纳着超过 1000 亿个神经元和超过 100 万千米长的神经纤维。

最新研究显示，人脑的意志力其实是一种很有限的能量。然而，我们的大脑每天消耗的能量仅仅相当于一个 60 瓦的白炽灯！这种极低功耗决定了人类的大脑运行在大部分时候默认的是一种节能模式，所以，人脑对意志力的分配会显得非常刻薄。

进化塑造了我们必须学会适应新鲜东西的本能，当新鲜的变成熟悉的以后，再把它交给直觉来处理。

你可以在网上搜一段婴儿与狗狗初次相遇的视频，这类视频不仅滑稽，还反映出了一些有关人脑运行机制非常重要的信息。

一开始，婴儿脸上一脸茫然，仿佛在想：它在这里干什么？它会不会伤害我？

但是很快，当他发现小狗并不构成威胁时，便笑了起来。这种笑就像是一个释放紧张的阀门，当我们不再担心受到伤害，不确定变得确定或是兴奋时，我们就会笑。

几个月后，小狗身上曾经让婴儿兴奋的特点就会不再有吸引力。婴儿已经能预知小狗的下一个动作了，所以觉得没有以前那么好玩了。现在的他已经另觅新欢,比如玩具挖掘机、消防车才是能够刺激他感官的新鲜玩具。当他对这些玩具也习以为常时,这些也会成为旧爱。孩子和狗狗玩上几个月后,就像一件玩腻了的玩具一样,对其变得忽视。

消费者与商家的关系,其实和小孩与狗狗一样。日复一日,毫无变化,毫无悬念,才是关系的大敌。

有些经典快消品属于"印象叠加型商品",不能变来变去,但也要经常微调。

宝洁公司生产的沙宣、海飞丝洗发水,总是推出新配方,其实不过新瓶装旧酒而已。很多快消品如啤酒、感冒药、牙膏……这些所谓的改进,不过是稍微换了个包装而已。所谓的"全新配方",也不过是替换了一点点微量元素,然后把这种元素的功效推崇得无以复加。

但是,即使是这样的改进,也能重新唤回老客户的热情,触发老客户的购买欲。

如果你保持一成不变,你的客户必然会慢慢忽略你,这是大脑的运行机制所决定的。

人们容易遗忘一成不变的东西,这是人的本性。

大体而言,改变比不改变要好,否则就会被人遗忘。可能会有读者拿出可口可乐改变经典配方的例子来反驳,但这是另外一个需要深入探讨的问题,我们在后面接着聊。

对于营销者来说,如果能够让观众预测到下一步会发生什么,你就该考虑求变了,一成不变不会产生喜出望外的感觉。

多屏时代,人们对变化的要求更为极端。你的屏幕营销内容,就像是孩子生活中的小狗,要想留住用户的心,就要有层出不穷的新意。

又长又动人的文案,可以提升说服力

这是一种非常吊诡的现象,与本章开头所提起的简洁原则貌似排斥,然而,这也是一种量变引起的质变。

对于一本书来说,真正核心价值的内容不会超过一页A4纸。

但你之所以会掏钱买,很可能是被它的厚度打动了。这就是市场上注水书产生的原因。

在这个时代,任何一个热门概念,都可以迅速攒成几十本书,但内容"干货"其实少得可怜。

长长的文案不仅让你有更多机会去劝说潜在顾客,还能让他们相信:因为里面有那么多说明文字,所以其中肯定有特别之处!而这正是"长度也是力量"的精妙之处。

一名政客站在一群人面前,掏出一份长达30页的文件,他声称里面包含了超过100个例子,全都说明了他的对手皮特在这个国家面临的一些重要问题上如何摇摆不定。

他"啪"的一声打开文件,开始一个接一个地阅读那些证明对手摇摆不定的引语。

为了给听众留下深刻的印象,让他们明白对手的令人不安的特点所涉范围之广、问题数量之多,他每读一条都会大声地计数。不光他阅读的内容让听众忧虑,单是那些话的数量也具有同样的效果。其实,这其中90%的引语都是断章取义拼凑起来的。

但政客先生并未就此止步。接下来,他给对手这些不可靠的叙述加上一个标签:"100条皮特虚伪的言行录",并开始在自己的平面广告和电视广告中一再提及。他把这份文件印刷装订起来，在各种集会上散发。

他又将文件转为 PDF 格式，在网上供人们随时下载。人们阅读文件的前几页后，飞快地翻阅剩下的内容，并且清楚地看见每条"摇摆不定"的引语前都有粗体序号。1000 个读者中，都不会有一个去核实任何内容。

谁有时间干这种事？于是，"100 条皮特虚伪的言行录"开始像那个政客预料的那样产生作用，并最终获得了独立的生命力，出现在 T 恤衫、YouTube 视频、保险杠贴纸和博客上。但几乎没人读完整份文件，可谁需要呢？你可以看到里面有 100 条！所以你会觉得它肯定说得有一定道理！

"长度就是力量"法则可以产生类似于证据的影响力。它建立在这样的设想基础上：如果软文文案很长，且写得很有趣不乏味，又包含大量可靠的事实和数字，那么它宣传的产品或服务就更有可能获得人们的好感。

实际上，它会让你的潜在顾客认为："哇……看看这里有多少信息啊，它肯定是有道理的。"这就跟听某人长篇大论地谈论某个特定主题类似。最终，当你已经听够了之后——只要其表达还算优雅——你很可能会觉得讲话的人确实了解他谈论的东西。毕竟"他讲了那么多！"

当然，长度本身并不意味着某种事物可信，但这个原则恰恰是如此产生作用的。

比如，你不知道自己该选择买日本车还是欧美车，这时我列出的33条购买欧美车的理由，让你确信这个欧美车更具有购买的价值。

日本车的潜在顾客也会因为这个清单而动摇。原因无它，只是我拉的清单足够长。

"长度就是力量"可以有效扭转局面。"瞧这清单，好长啊！也许里面有一些说法并非完全真实，但这一条看起来是正确的……这一条也很棒……嘿，这些都是很有用的。"

第 4 章
最能击中人心的话

自我实现是人类的最高需要。

——亚伯拉罕·马斯洛

什么才是顾客的最爱？

品牌？

质量？

设计？

性价比？……

别猜了，答案是：他自己。

从根本上讲，顾客最喜欢的只有他本人。用心理学的术语说，这叫自我意识——我选用你的产品后，我会成为什么样的人，别人会怎么看我。

除此之外，还有一个答案，就是他本人的钱。当顾客选购的商品无关自我意识的时候，他更在意的是如何正确地花钱。

你只有知道顾客最喜欢的是什么，才能创造出最受欢迎的产品（服务）。

人们真正迷恋的不是商品，而是自我意识。

人本主义心理学家马斯洛，于1943年在其著作《动机论》中提出需要层次理论。他认为人的需要可以分为五个层次：生理的需要、安全的需要、社交的需要（包含爱与被爱，归属与领导）、尊重的需要和自我实现的需要，而自我实现的需要是人的需要层次中最高层次的需要。

人们"晒"的其实是理想中的自我

人类是嗜好内容分享的动物，对"晒"及"转发"的沉迷，和吸食鸦片一模一样。

比如微信，信息传播靠的是在微信朋友圈的转发。人们在微信朋友圈发布内容，主要意图可以归纳为两个，一个是"晒"，一个是分享。

所谓"晒",指的是"我"通过信息的发布,展示"我"的生活方式、生活态度和精神面貌。

一个人"晒"出来的东西,其实是他自我意识的理想状态,通常是"源于生活、高于生活"的。

假如一个人天天吃驴肉火烧,他其实是不大愿在朋友圈发驴肉火烧的。假如他某天吃了一次高档日本料理,很可能,这顿"日料"就会被拍出来在朋友圈炫耀。

晒娃、晒猫狗、秀恩爱也是基于同样的心理,"我"希望通过这些信息,来展示"我"是一个热爱生活、健康快乐的人。

哈佛大学神经科学家做过一项实验,他们把脑扫描仪放置在被试者的脑部,然后让其在社交媒体分享各种自己感兴趣的信息,比如他们喜爱的萌宠、萌娃或者体育运动。结果发现,他们在分享信息时的脑电波,和他们获得钱财与食物时的脑电波一样强烈。这个实验的结论是:"自由表达和披露信息,本身就是一种内在的奖励。"

关于内容分享,沃顿商学院市场营销教授乔纳·博格提出了一个新概念——社交货币。

"我们对其他人谈话的时候，不仅仅是想传达某种交流信息，而是想传播与自己相关的某些信息。"

在人们的自我意识里，都是想通过传达出去的信息，来完成自我的"标签化"，成为别人眼中聪明的、风趣的、理想的自己——这些会令人们觉得可以凸显自我独特性的信息，就是我们的"社交货币"。

社交货币，狭义地说，就是人们乐于与他人分享的IP。它可以是一部电影、一本小说、一篇文章、一段微博、一项技能、一个理念、一种风格、一个品牌……

广告文案如果能写成大家乐意分享的"社交货币"，它就会像病毒一样得以传播。

社交货币源自社交自媒体这个概念，自媒体是一个约定俗成的说法，是相对于机构化媒体而言的。自媒体是旧词新炒，这个词在博客时代就已火过。然而，像"罗辑思维"也是自媒体吗？非也，其是更接近于公司化运营的小微媒体，包括一些草根大号也是团队工作的。

因此，人们觉得应该把微信公众号、微博大号叫作社会化媒体，但这个叫法其实也不尽科学。即使是传统纸媒时代，很多纸媒也有读友会之类的社交功能。

其实，这种媒体是伴随着智能手机的普及而兴起的，叫作智媒体也许更接近于本意。在当前这个风口，没有什么比做一位智媒体"印钞者"更重要的事了。

人们喜欢与自己相似的人

如果你拿一张自己近期的证件数码照，扫描进电脑里，用图形软件把左右脸互换，打印出来，你就有了两张照片。原版的是真实的你，另一张是相反的你。

你会更喜欢哪一张照片，并寻问你的亲朋好友更喜欢哪一张照片？

国外学者做过这类实验，得出的结论是：你的亲朋好友会喜欢原版的照片，而你自己则喜欢那张左右脸互换的照片。

因为我们都更为喜欢熟悉的那张脸，对你的朋友来说原版的才是他们天天看到的你；而对你自己来说，左右脸互换的那张照片才是你天天从镜子里看到的自己。

我们也喜欢那些与我们"相似"的人。不管他们是在观点上、个性上、背景上，还是生活方式上与我们相似，这都会使我们对他们产生"自己人"的感觉。研究发现，有时候，"相似性"比富有魅力的外表还具有说服力。

人性中都会有种同类相惜的感觉。如果这时和自己相似的是个陌生人，那么本来彼此两个完全无关的人也会形成某种归属感。比如，在百货公司，你看上了某款鞋子，另一个人也看上了这款鞋子，你俩同时对这件物品表示喜爱，短短几秒，你俩距离便拉近了，颇有点英雄所见略同之感。

20世纪70年代初，科学家们曾做过一个实验。那时，校园里年轻人的着装，有着两个极端，一种是"嬉皮士"风格，一种是"雅皮士"风格。研究人员派出的"卧底"因此穿得像个嬉皮士，或者穿得像个雅皮士。这些"卧底"到校园里向大学生们讨要一毛钱打公共电话。当"卧底"的穿着与被问到的学生的穿着风格相一致时，答应他请求的人超过了2/3。但是，当研究人员的穿着风格与被问到的学生不一致时，给他钱的人还不到1/2。

当一件事引发人们的讨论，如果几个人能发出相同的感慨和意见。这种时候，人们之间的情感就会拉近，这叫同声相应，同气相求。相同的志趣、意见、感慨，可称为共鸣，或"所见略同"。相反的情况，则是"道不同不相为谋"，甚至党同伐异。

美国在 20 世纪的一个实验中发现，参加反战游行的人不仅更有可能在一个与他穿得相似的人的请愿书上签名，并且他们签名的时候根本不看请愿书上写的是什么。人们会不假思索地对与自己"相似"的人做出积极的反应。

人与人之间的语言、表情或动作一致的行为，在行为学上称作"同步行为"。同步行为意味着思想的感同身受或心领神会，更像是一种"神交"。

聪明的销售员会用这种增强归属感的办法，来缓和顾客的戒备。类似"咱们"的这样的办法，已经成为导购为拉近陌生顾客而使用的"常规武器"。比如，商场的导购会与顾客说："咱们'80 后'……"言者强调相似，听者会有一种温暖的感觉。

文案其实是一种"可以打印的销售员"，一个品牌也应该有自己的价值观和愿景，至少这个企业的老板应该有明确的价值观。因为这是顾客获得归属感，并影响顾客购买决策的一个重要因素。所以，在撰写文案的时候，要考虑到这一点。如果一个企业的价值观是仁慈，其产品就会得到仁慈的消费者的支持。如果某个企业特别关注环保，其产品也就会得到环保支持者的青睐。

顾客其实不仅仅是在选购商品，也是在为自己的价值观投票。撰写文案时，要学会像拉选票一样吸引你的潜在顾客。

俗话说："物以类聚，人以群分。"社会中的人尽管形形色色，但几乎都是"气味相投"的人才会经常在一起。当然，家庭成员除外。

我们总是乐于接近与自己有着相同的价值观、生活方式和共同文化的人。而且在销售中也会发现一个有趣现象，女人在买东西时和女售货员更容易沟通。还有同一年龄阶段的人也更容易沟通，不属于同一年龄段的人，交流时就会存在"代沟"的问题。

通常，对于和自己有共同之处的人，我们都会有一定的好感，并且下意识就会对其有种信任感。

当有人表现出和自己有同样品味、同样的价值观时，人们就会很自然的卸下"怀疑"的包袱。韩国的一些企业，喜欢在国内打"民族牌"，宣扬"身土不二"。这其实也是在拉消费者的"选票"。

文案带货与"自我实现的预言"

"自我实现的预言"又叫皮格美林效应。皮格美林是古代塞浦路斯的王子，天生驼背，但他却发了宏愿，要成为俊美的王子。于是，他请工匠雕刻了一个身材挺拔、玉树临风的人形偶像。王子每天都会看到偶像，潜移默化之下，几年过去，王子的身材也变得挺拔伟岸。

有网友总结，汽车广告的一般规律是：低价汽车广告，不外乎强调全家人坐在车上其乐融融的幸福感；中高级轿车，不外乎风流倜傥的青年才俊，邂逅美女；而昂贵的越野车，则多是事业有成的壮年男子，驾车到无人区释放自我。

法律规定，限制影视作品中出现抽烟的镜头，其实这是非常有道理的。当看到影视作品中的英雄人物抽烟时，这会在人们的心中投射一种心理暗示，那种正面的形象其实是很多人想要追求的形象。

当你看到万宝路牛仔时，激发你换掉香烟品牌的是你的自我意识，而不是对那些填满烟草的纸管的渴望。

当你看到女装品牌"维多利亚的秘密"（Victoria's Secret）的模特披着她们如丝绸般柔滑的长发，目光犀利、动作飘逸地展示她们镶有花边的内衣时，激发你购买那身衣装的不是你对广告片的崇拜，而是你的自我意识。

事实上，你很多的不顾后果的乱花钱都可以归罪于你的自我意识。

人们会通过购买"合适的东西"，来增强自己的自我意识，合理地消弭自身的不足。这也是一种自我意识变形。

自我实现的预言，或者说"愿景"这种心理机制，其实是一种名叫"镜像神经元"的神经细胞在起作用。

近年来，关于人类"镜像神经元"的神经细胞研究，已经成为认知神经科学的一个热门课题。有些研究者认为，镜像神经元之于心理学，犹如 DNA 之于生物学。

驱使我们去模仿别人的，就是这个名叫"镜像神经元"

的神经细胞。比如我们向婴儿笑，婴儿也会学着笑。人类看到鸟类筑巢，也仿造鸟类为自己筑巢。甚至模仿鸟类，造出了飞机。

有些小女孩五六岁就会偷用妈妈的唇膏，有些小男孩在这个年龄也会模仿爸爸抽烟。很多小女孩喜欢芭比娃娃，是因为她希望自己长大后成为那个样子。所以，一些反对者认为，芭比娃娃的夸张身材，对大多数女孩来说，是一个不可能实现的梦。她们长大后会产生挫败感，所以反对家长给小孩买芭比娃娃。

你听说过购物疗法（retail therapy）吗？人类竟然能够通过购买商品来弥补个性上的不足！

看看香水行业吧。除了在其产品中夹入纸片好让人们吸一点儿香气外，这些商家只做过一件劝说潜在顾客购买其产品的事情：展示俊男靓女的照片，让我们以为他们都是顾客。

在拍照片时，这些模特甚至都没喷香水！这些广告有99.9%都跟它宣传的产品没有一毛钱关系。它只是一些影像，但生产商显然知道这样做很管用：每年，全球高档香水的销售额达到几百亿美元，至今仍在不断攀升。

这种投合人的自我意识的方法，旨在塑造那些芸芸众生心之向往的特征：魅力、智慧、成功……

向消费者呈现"正面的"形象，这些积极的自我形象可以说服潜在顾客为之买单。人们是如此自恋，无论实现的概率多么渺茫，都是愿意尝试一下的。

你的文案所展示的产品，是否会暗示一些人们喜欢炫耀的特质？

你拥有一家武术馆，那就突出那些在此操练过的不同武打明星的照片，或者邀请武打明星代言，印制一些写着"我跟某某明星一起训练"的T恤衫来出售，立刻就能迎合人们的自我意识。

你是城里收费最高的宠物美容师吗？那就在你的朋友圈展示光顾过你店的富人名流的照片，在名人先生或太太带着一只可爱的小狗踏出豪华轿车时给他们来张特写。"呃……城里还有很多其他的美容师，但是！我只把我的小可爱托付给某某宠物之家。"显摆之情如此令人生厌，但是，这立刻就会吸引很多顾客上门。

事实上，这种技巧可以让你为一种产品创造出某个形象或身份，从而吸引特定的受众群，让他们感觉自己的形象符合那种产品。从本质上说，并非所有的产品和服务都适合使用这种驱动自我意识的方法。然而，总有更适合的技巧来推广你的产品和服务。作为文案写手，要明白是否可以真正地向顾客提供心理价值，进而为所提供的商品和服务"增值"。

人类渴望归属感

在原始社会，一个人很难独立与大自然抗衡。那么这个人就必须融入团体，才能抵抗风险，才能幸存下来。所以每个人都必须与他人有共同话题。

自我分享，是人类亘古不变的特质。

人类学家克里斯托弗·贝姆提出，自我分享是促进群体团结的一种方法，互相分享资讯，说明大家在同一个"圈子"里，贡献一个共同的话题，可以拉近人际距离，还能形成某种"心理契约"，增进友谊。

1955年，瑞士发明家乔治·德·迈斯德欧获得了粘扣带的专利权。自从他获得专利权后，粘扣带取代了拉链、挂钩、鞋带和其他用来扎紧东西的方法。

粘扣带作为系紧鞋子的一种方法，与鞋带相比更占优势。粘扣带不仅比原来的系带鞋子使用起来简单、快捷，而且还避免了鞋带容易松开的问题，甚至把人绊倒的尴尬。

尽管曾经有一段很短的时间似乎粘扣带将鞋带从市场上挤掉，但现在穿粘扣带鞋子的成年人却很少。为什么粘扣带没有把鞋带淘汰掉呢？

最早的时候，粘扣带的鞋子被广泛应用于儿童、老年人以及弱智者，它的便利性让穿鞋和脱鞋变得简便。这也是粘扣带在鞋业中最受欢迎的原因之一。

粘扣带在童鞋中很受欢迎，这是因为很多儿童还没有学会如何系鞋带，使用粘扣带的鞋子就会很方便，而且也方便家长给孩子穿鞋。

在老年人中，粘扣带受欢迎是出于医学的原因。一些老人行动不便，很难弯下腰去系鞋带，或者有些老人因为手指患有关节炎，不灵活，使用粘扣带的鞋子会更容易一些。在大众的印象中，粘扣带基本等同于行动不便和虚弱。

因此，为了使自己不与残弱的、无能的人联系在一起，便轻易不穿粘扣带的鞋子。

人这一辈子，总有赶不完的时髦。有时候，回过头审视自己，会觉得挺可笑。可是，笑完了，还是要接着赶下一波时髦。

中国人最早接触的奢侈品，可能是皮尔·卡丹或者是梦特娇之类的品牌。早在20世纪90年代，一件梦特娇T恤就要八九百元，按收入折算，抵得上普通人几个月工资。

我们为什么会赶时髦？

从社会心理学的角度讲，这是希望与群体保持一致的心理，此即合群。

有人问有一位国际礼仪专家：穿衣的金科玉律是什么？这位专家用了简短的两个字回答：合群。

别人都穿西装革履，你穿长袍马褂就显得不合群。在别人都穿T恤牛仔时，你若西装革履反而显得不合群。

从进化的角度看，我们害怕离群。在蛮荒时代，"随大流"即使是错的，也比一个人是正确的要划算。在漫长的进化过程中，人只有融入集体，才能免于被野兽吃掉的命运。人类要生存,所以具有"群性"。

可见,人们对于被孤立的恐惧,甚至超过了死亡。

消费者具有攀龙附凤心理

宫廷是人间生活的最高境界。那里是财富、权力、荣誉的最高点,也是社会风尚的发源地和风向标。所以,读懂了宫廷文化对经济的影响,就抓住了奢侈品营销的关键。

现代意义上的奢侈品,兴起于15世纪末的欧洲宫廷。那时,会有专门的服饰工匠为皇室与贵族服务。许多今天我们津津乐道的奢侈品牌,当年都只是卑微匠人的营生,如路易威登、爱马仕、卡地亚。它们都因曾为王室提供服务而扬名立万。

在欧洲,伴随着工业革命,资产阶级兴起,原有等级结构难再维系,新兴资产阶级只要花钱就可以买到爵位。

这个时候,老贵族要强调他们昔日的荣耀,资产阶级新贵要证明自己配得上刚刚挤进去的那个上流社会,中产阶级则努力成为合格的绅士和淑女。财富新贵们的目标是被老贵族们接纳和认可,所以他们买到爵位的第一件事就是在穿戴用度上向老贵族们看齐。于是，这些手工制品作坊，就成了时尚产业的源头。原来为王室提供服务的工匠制作的服饰，就成了非富即贵的标志。

　　将现代奢侈品营销带入一个新境界的人，乃是进化论奠基人达尔文的外公——乔赛亚·威基伍德。他通过"攀龙附凤"这一招，充分挖掘了奢侈品牌的商业价值，将奢侈品向大众营销。

　　那时候，中国产的瓷器在英国是一种奢侈品。英国王室的御用瓷器，多是从中国进口的。在英国人看来，只有中国生产的瓷器才算正宗。这就像今天的中国人认为欧洲品牌的皮具才算高级货，尽管很多皮具都是在中国生产，贴上欧洲的商标。

　　英国资产阶级革命后，确立了君主立宪政体，英国王室依然保留，贵族阶层依旧存在。但王室不再像以前那么风光，购买力也有所减弱。

　　这个时候，他们开始购买一些本国出产的瓷器。王室的人眼界高并很挑剔，由于人数少，所以订单量小，也就难以规模化生产。王室之所以愿意用"国货"，都是冲着捡便宜去的，都不愿给高价。所以，英国的瓷器生产商都不愿接他们的订单。

只有乔赛亚·威基伍德愿意接受这种订单，但是作为交换条件，王室同意：乔赛亚可以大批量生产这种为王室定制的瓷器。王室还特许以他名字为瓷器底部的商标，可以打上"皇后御用（Queen's Ware）"的底款。王室采购之后剩余的瓷器，他可以向一般大众出售。

这等于王室免费为他做了权威背书。乔赛亚·威基伍德烧出这批瓷器，在向王室交货后，开始以高价向公众出售。这个时候，他的产品遭到了疯抢。整个欧洲，不管是达官贵人，还是新富阶层，都以能拥有一套英国王室御用的瓷器宴客为荣。

■乔赛亚·威基伍德（1730—1795年），被誉为"英国陶瓷之父"。

有了英国王室的代言，乔赛亚·威基伍德的生意蒸蒸日上。1774年，威基伍德工厂为俄国女皇凯瑟琳大帝制作了一组952件套米白色餐具。在将这批货物送往俄国之前，乔赛亚·威基伍德还开办了一个展览，展示他的瓷器作品。

将奢侈品展示会变成艺术品鉴会，这正是乔赛亚·威基伍德的发明。现在，我们可以看到，路易威登、迪奥等奢侈品品牌也经常租用一些昂贵的展厅，来举办自己的产品展。

博柏利（Burberry）的品牌故事，总是强调它曾经受到英国国王的喜爱。据说国王在穿博柏利的 Gabardine 大衣时，总是说把我的 Burberry 拿过来。

爱马仕这个品牌诞生于 19 世纪，最初是一个家族作坊，是为王室生产鞍具起家，这点可以在爱马仕的标志上有所体现。

随着汽车工业的兴起，马车业逐渐衰退。爱马仕家族开始实施多元化战略，生产与旅行、运动相关的皮具。逐渐将马鞍袋的生产让位给了行李箱、钱包及手提包。20 世纪 20 年代，爱马仕推出了成衣、皮带腕表和皮手套等新产品。

20 世纪 50 年代，爱马仕推出的一款坤包，被摩纳哥王妃格蕾丝·凯丽使用。这位王妃曾被摄影师拍下用这款爱马仕皮包遮挡因怀孕而微隆的小腹的照片。这组照片在杂志上刊登后，这款手包也因此掀起了时尚狂潮，被称为凯莉包。该事件强化了爱马仕的皇室御用品形象。现在，爱马仕已经成为法国高档箱具、服装、饰品的制造商的代表。

消费者的附庸风雅情结

文案写作要分析目标客户群。如果他是一个脱俗之人,你就应该和他强调风雅。

奢侈品之所以成为奢侈品,还有一招就是附庸风雅。

封建时代已经一去不返,宫廷文化已经不是唯一的奢侈时尚发源地了。如今,各个领域都有影响力强大的"无冕的王者"。

政治家已经不是人们唯一的模仿对象。文化、体育、经济等领域都有精英翘楚,皆能引领风潮。

比如,天青石是一种价格很便宜的矿石,每吨价格不超过1000元。自从"歌坛天后"王菲被媒体拍到戴天青石的手链后,用这种矿石制作的手链身价立刻翻了百倍。

一些"新生代"奢侈品品牌,比如范思哲、香奈儿、马克·雅可布,也都是通过名人效应成为奢侈品品牌。他们既是著名设计师,又有很多名人的人脉,也是非常善于打名人牌的公关高手,比如香奈儿的朋友中就不乏毕加索之类的文化精英。

奢侈品运营商还会自诩为"文化和创意产业"。奢侈品运营商会延聘适当的设计师，用高雅艺术进行镀金。比如，LV聘请日本艺术家村上隆等艺术家设计产品。此外，LV还经常租用大型博物馆的场地，开办自己品牌冠名的奢侈品艺术展览。

奢侈品的主要运作方式为：发掘历史，追寻这种品牌昔日的荣耀；突出特质，寻找合适设计师；利用强势媒体的包装推广。用这种手法，LVMH奢侈品集团的掌门人阿诺特成功拯救了一批"行将就木"的奢侈品品牌。

从这个意义上讲，几乎所有品类的日用品都能通过攀龙附凤，或者附庸风雅打造成奢侈品。还有一种奢侈品，是通过技术领先实现，比如汽车、手机，都曾经是少数人的奢侈品。

第 5 章
文案的品位与调性

一个人对自己最需要了解的,就是自己收集信息的风格。

——彼得·德鲁克

日本纪录片《寿司之神》中说:你要成为一名真正合格的厨师,就要不断去提升自己对食物的品位,如果你的品位还不如客人,那么你就永远做不出让客人满意的食物。

其实,文案的创作也一样,正所谓"行家一出手,便知有没有"。品位这件事,是在不断地修炼中提升的。

爆款文案的优势除了能够快速传播,还有其中赋予受众的一种感动,这就是文案的"调性"。

调性取决于品牌的定位——在其位、发其言。以苹果公司的文案为例,它的利基市场是设计师、艺术家、视频编辑等，所以，它所强调的创造性，是创造者的身份。它以创新科技，赋予人们探索世界的新能力。

为你的客户群体"画像"

从行为营销学的角度看，通过穿戴带商标的奢侈品，就如同给自己贴上了标签和认证标志。它能够让自己融入社会，达到"合群"的社会要求。

日本人以集体精神为荣。在日本，至少有40%的人都拥有一件LV的产品。在调查中，这些日本消费者号称，买奢侈品是因为其制作精良。诚然，奢侈品如此高的价格，质量上必须要过关，这是最基本的。一些专家认为，这背后还有更深层的社会学因素。日本国民认为，日本是一个无阶级的社会，85%的日本人将自己定位在中产阶级，也就是所谓的"一亿中流"。

从神经科学的角度来说，这是人类的镜像神经元在起作用，如果我们看到很多人都在穿戴同一种服饰，我们的镜像神经元就会有模仿的冲动。

人类大脑的雏形，大约形成于四五十万年前。有学者猜测，在大约 10 万年前，人类产生了镜像神经元，人类的大脑才有了突飞猛进的发展。

因为这种神经元会驱使你模仿他人的行为。所以，当部落中某个猿人发现了取火的方法，或者发现了某种工具的使用时，这种技能才能在部落中迅速传播，而不是仅仅昙花一现。人类文明由此得以形成和延续。

奢侈品是一种外在的特权身份认证标志，奢侈品展现的是一种尊贵的社会地位和尽享奢华的生活方式。

一直到 19 世纪末，很多奢侈品依然是贵族与名门的专属。

甚至到了 1957 年，"现代时尚之父"克里斯丁·迪奥在接受媒体采访时，依然坚持认为，时尚奢侈品是特权阶层的最后避难所，"应该被小心翼翼地捍卫"。

我想要说的是，客户群决定了文案的调性，因为他们才是文案的真正读者。

文案要对现实有所超越

在信仰迷失的时代，人们反而更需要情感的寄托。

在物欲横流的世界，人们反而更渴望寻找自己的精神家园。

但是，多数人以朝圣的心态追寻的，不是圣徒的足迹，而是品牌拜物教——品牌创始人就是教主，品牌粉丝就是信徒，专卖店就是圣堂，品牌传说就是圣迹，品牌标志就是圣像。这听起来就像黑色幽默，却是我们身处的现实。

如果这世界真的存在"拜物教"，那么产品就是"教主"和"信徒"连接情感的桥梁。

史蒂夫·乔布斯致力于创造出"完美之物"，这种对完美近乎偏执的追求，为苹果创造了一个"又疯狂又美好"的时代，也赢得了大批粉丝。

如果你觉得苹果的产品很好用，那么你就会认同乔布斯的产品设计理念，甚至会爱屋及乌，认同他的品位、主张、价值观。

现在，苹果已经成为这个星球上最成功的品牌之一，它坚持自己的价值主张和美学主张，将感官和心灵完美整合。

它的拥趸会通过购买这个品牌的产品，来获取身份认同感，这就像对球队的热情一样。

在《乔布斯的秘密日记》中，美国《财富》杂志记者丹尼尔·莱昂斯虚构了一段乔布斯在印度流浪时的经历。古老东方的神秘禅师对乔布斯说："美国是靠商业发展起来的，这是美国的优势。有人想创造出一种具有宗教意义的商品，我并不知道如何实现这种想法，但这种想法必将实现。你的一只手是上帝，一只手是物质。不管是谁，只要能将两者结合，他便会变得无比强大。"

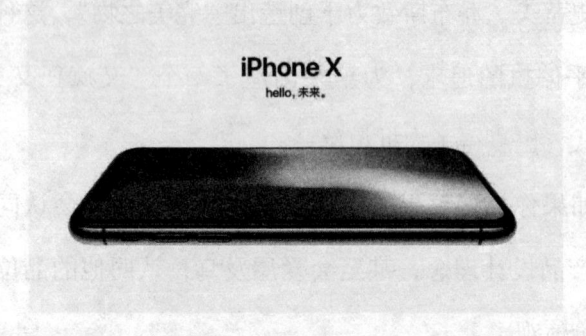

■ iPhone 的广告文案

苹果公司的文案，是业界翘楚。从 2007 年的"苹果重新定义了手机"，到三年后说出"再次改变世界"，对于用户来说，他们使用的不再只是一部手机，它还承载着改变世界的英雄情结。

魅族手机的广告文案是：执梦而行。

魅族创始人黄章是做 MP3 播放机起家的。做 MP3 播放机时，他就制定了少而精的策略。2003—2006 年，魅族只推出了屈指可数的几款产品，在几乎没有广告宣传的情况下，魅族就实现了国产第一品牌的梦想。黄章本人说，不做出"梦想机"自己不会罢休。

雷军也很推崇这种产品主张，他认为，极致就是做到你能做得最好，就是做到别人达不到的高度。但唯有专注，才能极致。

小米联合创始人黎万强曾提到，小米在产品文案和画面表达上有两大要求：

第一，要直接，讲大白话，让用户一听就明白；

第二，要切中要害，可感知，能打动用户。

"小米，为发烧而生"这是小米最经典的标语。

"发烧友"是什么呢？他们追求更好的体验，但又希望通过自己的研究探索与努力，探索以尽可能低的成本达到尽可能高的品质。小米通过其"高性价比"的手机定位和发烧友对手机科技浓烈的参与情绪的充分挖掘，成功转化了第一批米粉，这批忠实的米粉不仅是小米手机、MIUI 的使用者和体验者，更是"小米，为发烧而生"的理念的传播者。

可以"鸡汤"，但不要"鸡精汤"

20 世纪 80 年代，有个名叫杰克·坎菲尔德的美国人，欠债 14 万美元。45 岁生日时，他用一张大纸画了张 1 万美元大钞票，挂在墙上，盯着看。他后来每次演说，说到这里，都感动万分。

从那天开始，他决定做个励志书作家。写了大约 100 个小故事，都是让人激发志气，有所作为，天天向上的故事。他想到奶奶熬鸡汤给他治百病，于是书名取为《心灵鸡汤》。

该书历经坎坷终于出版了，第一年就售出 800 万册。此后，全世界伟大的励志书系列作者坎菲尔德，写了 80 本《心灵鸡汤》，至今已卖出将近 1 亿册，平均每本 100 多万册。

几乎所有的人都需要心灵鸡汤，于是就有了一系列的《给推销员的心灵鸡汤》《给为人父母的心灵鸡汤》《给爱宠物者的心灵鸡汤》《给高尔夫球玩者的心灵鸡汤》《给入军远征者的心灵鸡汤》《给军人妻子的心灵鸡汤》等。

《心灵鸡汤》系列的成功，引发了大量的跟风效应。一些出版社为了利润，快速作业炮制了很多"心灵鸡精汤""心灵野鸡汤"，甚至"心灵毒鸡汤"。

在自媒体时代，写作的门槛进一步降低。各种野鸡汤、鸡精汤更是满天飞。

所以，近几年突然掀起了一股"反鸡汤"的浪潮，尽管声势浩大，但"鸡汤"的地位仍岿然不动。

有人甚至认为爱读鸡汤文的人文化水平偏低，这其实是一种偏见。

每个时代、每个年龄段的人都有自己的心灵鸡汤，只是受困于自己的偏见而不自觉罢了。今天你觉得深刻的东西，也许过几年就会觉得肤浅了。所以不要以为心灵鸡汤全都是肤浅的东西。

当人们回避命运的时候，就已经碰上了命运。

内容充实的生命就是长久的生命，我们要以行为而不是以时间来衡量生命。

智慧是唯一的自由。

真正的伟大，即在于以脆弱的凡人之躯而具有神性的不可战胜的力量。

上面的文字，出自古罗马政治家、斯多葛派哲学家、悲剧作家、雄辩家塞内加。

塞内加继承了斯多葛派的基本思想，认为人的生活完全取决于人自身，强调客观物质对于人生并没有我们想象的重要，只有人的理性才是真正的"善"，人必须通过自省不断培养自己的"理性"，最终才能完全"控制"生活，并认为对磨难应持乐观态度。

塞内加可以说是心灵鸡汤的鼻祖。

心灵鸡汤，就是"充满知识与积极感情的话语"，其中的励志化情感，与浅显易懂的"干货"，迎合了当前快节奏、高压力的生活。

心灵鸡汤是一种安慰剂，可以怡情，作为阅读快餐；亦可移情，在遭遇挫折、感到抑郁时，心灵鸡汤的疗效直逼"打鸡血"。这也是"心灵鸡汤"风靡不衰的原因。

既要说梦话，也要说人话

先说结论：如果只能用一个指标来判断文案好坏，那么它是什么？

答案：是能不能促进成交。

网上曾疯传过一张照片，大概是某个老太太卖柑橘的水果摊前，摆了一个牌子：甜过初恋。

单纯从文学的角度讲，这则文案是非常成功的。

但如果把它作为带货文案的成功案例，那就是大错特错了。从商业价值的角度讲，这则文案可谓是误人子弟的垃圾。

1. 初恋之甜是抽象的，最多是一种通感。

2. 拿初恋说事儿，不符合国情，一部分人是内敛的，更多人的初恋是青涩的。

3. 这只是文人的抖机灵，和商业文案两码事。如果真的能促进销售，恐怕大街小巷的水果摊早就普及了。

大街小巷的水果摊上，最常见也最有效的是承诺型文案：不甜不要钱。

那能不能既有文采，又能带货呢？

当然，这就是苹果公司的 AB 点文案。AB 点文案就是：以 A 点（引发注意力的事实）+ B 点（事实对应的用户利益点）。

■ iPod 广告文案："把 1000 首歌装进口袋"。

心理学家发现，更具体的观点更容易被人深刻的记住，人们比较擅长记住具体、易于形象化的名词，比如"苹果"或"小孩"，而不善于记住抽象的名词，比如"正义"或"品质"。所以：要形象化，而不是抽象化。

为了讽刺铺天盖地的时髦术语，有人推出了一个"商业时髦术语生成器"的小程序。你只要从三列词语中各选出一个，便能制造出新的商业时髦术语，比如："双向 | 成本主导的 | 再造工程""客户导向的 | 愿景 | 范式""战略

性的 | 物流 | 价值"之类高深莫测的词句。

"把 1000 首歌装进口袋里。"好就好在,它把 32GB、64GB 之类抽象、专业的词汇具化为了 1000 首歌,再用"放进口袋"来表达出其便携的特点。

这种文案才是"说人话"的文案,文案写手把自己当作真正的销售员,告诉客户关于产品的价值,而不是停留于高度抽象的"甜过初恋"。

就像人们会将得不到的葡萄贬低为酸的一样,人们潜意识里也会对不知所云的文案所对应的产品嗤之以鼻。

人们对有神秘感的事物欲罢不能

人类不愧是万物之灵长,对自己不解的事物总是充满好奇或崇敬。

神秘感是一种原始情绪,也是最难忘的情感体验。

在位于美国肯塔基州的肯德基总部内,有一间守卫森严的保密房间。要进入这个房间,工作人员首先要打开保险库大门,然后分别打开房门上的三道锁。开了房门,里面是一个保险柜。那里面,便是肯德基的商业机密——

1940年由肯德基创始人哈兰·桑德斯上校发明的"吮指鸡块"的烹饪秘方。

肯德基秘方几乎是无价之宝，因为它是品牌形象的重要组成部分。

对此，美国财经作家庞德斯通持怀疑态度。庞德斯通用了很多办法，他曾在一家肯德基连锁店的附近刊登公开广告，想找肯德基的员工"聊聊"。结果不但有人应约前来，甚至有人提供给他一些"吮指鸡块"的炸鸡粉。

庞德斯通拿着这些炸鸡粉去化验室，得到的分析结果是，里面只有面粉、盐、味精以及黑胡椒粉这四种普通的佐料，而并没有传说中的11种香草和香料。事实上，肯德基的官方网站上就有完整的成分说明。

可口可乐的原始配方，锁在亚特兰大某个银行的保险柜里，外人要想打开这个保险柜，比登天还难。

可口可乐对这个配方一直秘而不宣，甚至有一段时间不惜退出印度市场。

2006年8月2日，在印度爆出"有毒可乐"事件后，印度最高法院下令要求可口可乐公布其秘密配方。可口可乐干脆退出印度市场，以抗议印度政府要求其公布配方的压力。一些营销专家认为，可口可乐公司是故弄玄虚，因为在实验室里分析其成分简直是易如反掌。

可口可乐公司宣称全世界只有两个人知道神秘配方，还煞有介事地说如果神秘配方丢失，将会产生严重后果。然而，认真追究起来，可口可乐在市面上已经消失多年了。现今被大多数人称为"可口可乐"的东西指的是"传统可口可乐"，而市面上销售的则是配方修改过的新版本。

神秘感能够有效吸引我们的注意力，就比如各种"祖传秘方"总能勾起顾客的好奇心。

过去的一些中医，为了迎合患者的求医心理，给患者开出的药方，有时越离奇越好。越是离奇珍稀，对患者的心理暗示作用就越强，治疗效果也就会越好。

但是，正所谓"人参杀人无罪，甘草救人无功"。有些病，只需最便宜常见的药物即可治愈；有些疾病，用最珍稀的药材，反而会耽误病情。如果医生开了最贵的药，患者也只能怪自己病得太严重，连最贵的药物也治疗不好。

唤起情绪的触发点

人类是一种很聪明的动物,已经不完全是基因的奴隶。人类的主要工作,已经不只是"大量复制自己的基因"。人类已经进化出"幸福"这种抽象的情绪。

营销就是一场心理暗战。情感营销,就是"挠到顾客痒处",就是找到情绪的"触发点"。

雌火鸡是公认的好母亲,慈爱而又警觉。鸡貂,是一种长得有点像黄鼠狼的动物,是火鸡的天敌。

当实验人员把鸡貂模型放在火鸡窝边,雌火鸡便对鸡貂发动了猛烈的攻击。

幼年火鸡有个特点,就是喜欢"噗噗"叫。研究人员把这种叫声录下来,并把播放这种声音的录音机藏在鸡貂模型里。当研究人员把发出"噗噗"声音的鸡貂模型放进火鸡窝里时,雌火鸡对这个天敌模型呵护备至,它认为这也是自己的孩子。但当录音带里"噗噗"声播放完毕,雌火鸡又开始对鸡貂模型发动攻击。

显然,雌火鸡母性本能的"触发点"是"噗噗"声,而不是火鸡幼崽的气味、皮毛或形状。找到了这个情绪

"触发点",也就"点住了穴"。

人类也一样,存在着本能的"触发点"。人有七种主要情绪:喜、怒、哀、乐、爱、恶、惧。每一种情绪都有自己的"按钮"。

我们的偏好,来自我们的经历。那些与愉快情绪相关联的产品,能够启动我们大脑的快感中枢。

心理学家对那些号称可口可乐比百事可乐更好喝的人,做过如下测试:

两支原味的百事可乐和可口可乐(注意要原味的)。四个一样的杯子,四张标签,毛巾一块,纸和笔若干。将被试者用毛巾蒙住双眼,把四杯可乐随意交换位置若干次,然后排成一排。开始试喝,让他们猜哪杯是可口可乐,哪杯是百事可乐,并用笔记录下来。结果,那些号称可口可乐口感更好的人,多数都猜错了。

其实,这些言之凿凿说可口可乐更好喝的人,并没有撒谎。

假设某人是可口可乐的拥趸,当他看到百事的商标时,记忆中枢和反射系统的情感回路只有轻微的活动。但是,当他看到更熟悉的可口可乐鲜红的标志时，记忆中枢和反射系统的情感回路就会高度兴奋。这种兴奋又加强了可口可乐所带来的快感。

被蒙上眼睛后，这种额外的刺激消失了，以至于被测试者居然分不清哪个是可口可乐，哪个是百事可乐。这其实是商品对我们的"情感刻印"在起作用。

无声胜有声，尽在不言中

有的妻子和丈夫生气后，会去商场血拼一下，这就是一种通过消费展示情绪的表达：你不爱我，我就自己疼自己！

假设一个年轻人，刚参加工作，没什么积蓄，他买了一辆二手的"宝来"，这是"我已经经济独立了"的情绪表达。事业有了新突破，他一步到位买了一辆新款"宝马"，这是"天下风云出吾辈"的意气风发。

又过了几年，他结婚生子了，换了一辆"沃尔沃"，因为沃尔沃据说是最安全的汽车，这其实是"我是顾家好男人"的信号传递。

语言具有天然的局限性。

我们常常会遇到"词不达意"或"言不尽意"的时候。因为很多时候,情绪是无法用语言充分表达的。产品的情感刻印,往往能达到"此时无声胜有声"的效果。

有一个著名的关于"情感刻印"的案例,来自安德雷克斯牌厕纸。

安德雷克斯一度将自己的劲敌舒洁的销量远远甩在后面,利润是对手的两倍还多。而两家公司的广告费用、产品质量、定价几乎完全一致。

英国的罗伯特·西斯教授对此感到很好奇,就进行了深入的调查研究。罗伯特教授发现,长期以来,安德雷克斯都坚持用一个小狗形象的吉祥物来表现它们产品的优点:柔软、有韧性、量又多。比如,一个女人抱着一个小狗,他们身后的一卷厕纸被一辆飞驰而去的汽车拖成一条长长的白色旗帜。

从逻辑上来讲,小狗与厕纸,关系很微弱,有点风马牛不相及的意味。

但是,罗伯特认为,小狗能让人启动一系列幸福、温馨的联想：朝气蓬勃的年轻家庭、针对小狗的大小便训练……

由周杰伦代言的优乐美奶茶，并没有强调这个产品的健康或美味，而是让周杰伦说："你是我的优乐美。"这样能唤起女孩子渴望被宠爱，希望能像奶茶一样被人捧在手心里的"通感"。

这种情感的关联，在每一次广告播出后，都得到了加强。而情感正是如此被"刻印"的。当消费者面临两者价格、质量相同的厕纸时，正是情感帮助他们做出了选择。

风行水上，自然成文

"情感刻印"应该如风行水上，自然成文。

某些产品，过犹不及，打出的广告过于煽情，消费者就不会对产品产生愉快的联想。

"农夫山泉有点甜"，是一个诉诸情感的绝佳口号。有点甜，那种自然的喜悦，意味无穷。

品牌如果想在消费者的脑海里留下情感刻印，离不开创意，但是要注意过犹不及。

大卫·奥格威批评过一种广告人。他说，广告公司受到了把广告看成一种前卫艺术形式的人的骚扰。他们一生里什么也没有卖出去；他们的野心是获得戛纳广告节的奖项；他们诱骗不幸的客户一年花几百万来让他们展示他们的创意；他们对他们宣传的产品不感兴趣，还认为消费者也不感兴趣，所以，他们几乎一点儿不提产品的优点。他们充其量是些让人找乐子的人，而且是很蹩脚的。

还有些广告创意，不顾本地风俗，生搬硬套国外的创意，这种广告最终受损的是品牌形象。

奥格威对一些广告创意甚为鄙视，他说："我在一次午餐会上听到一位愤怒的制造商把这些自命不凡的蠢材叫作装模作样的娘娘腔。按照我受到的教育，要是我没有花五年时间挨门挨户地推销炊具的经验的话，今天我也会落进这个陷阱里去的。"

有时候，广告能不能受到受众的喜爱，仅靠发几张问卷做调研，未必就能反映真实的情况。有的被调查者是冲着奖品去的，有的被调查者言不由衷，有些是问卷设计不合理……

现在，已经可以通过脑扫描技术，来窥探广告受众的真实感受。可以预测的是，随着技术成本的降低，大脑扫描技术将会成为未来营销的常用手段。

文案是产品的重要组成部分

如果茅台从未作为国宴用酒招待过外宾，如果大红袍只是漫山遍野都有的一种普通茶树，如果波尔多葡萄酒不是按照产地来划分……你品尝这些东西的时候，是否还觉得味道那么好？

在尿不湿刚面世时，婆婆们一般都反对用尿不湿，如果没有软文广告"敲边鼓"，尿不湿能得以推广吗？

文案是产品的一部分，正如宣传是作品的一部分。

德国的神经科学家做过这样一个实验：请一些德国大学生观看汽车商标，并对被试者进行大脑扫描。

当屏幕上出现了德国人熟悉的大众汽车的商标时，这些被试者大脑中负责积极情绪的脑区开始活跃起来。当屏幕上出现他们并不熟悉的汽车商标时，被试者大脑中的负面情绪中心和记忆中心开始活跃起来。

重复的广告，会让产品的商标与某种情绪建立关联。

诸如炸薯条、牛仔裤之类的商品，基本大同小异。但广告会赋予这些商品产生完全不同的"内涵"。

对小朋友来说，麦当劳袋子里的炸薯条，会比没有商标的袋子里的同样品质的炸薯条更美味。

事实上，穿上售价为 2000 元的牛仔裤，未必会比售价为 200 元的牛仔裤令人更性感。但是，穿上它们，自信度会有明显不同。这些采用性感广告风格的牛仔裤品牌，会给消费者建立这样一种联想："穿上这个品牌，你就会变得性感。"

商品会通过广告"刻印"一种情感，高定价会形成一种期望值，这种期望值进而转化为一种"自我实现的预言"。

一次，我去买微波炉，有美的和海尔两款品牌的微波炉，它们配置、设计、价格几乎完全一样。结果，我选择了海尔。因为学生时代看过"海尔兄弟"的动画片，这种情感已经沉淀在记忆里了。

情绪能影响到人的决策，大多数的购买行为，其实是靠情绪驱动的。当我们给某件商品刻印上情感的印记后，我们就会认为其比较特殊，更有价值。

所以说，好的广告只需要向消费者传递一种"积极的情绪"，并不需要多余的信息。当然，这种所谓的积极只是针对产品销售而言。

第6章
文案走心，才能带货

推销灭火器的时候，可以先从放一把火开始。

——大卫·奥格威

我们说的"走心"文案，其实是指那些理解受众心理的文案，本章就探讨一下带货文案的心理因素。

感同身受的力量

有一则故事，是关于乞丐乞讨的文案。一个盲人在路边乞讨，鲜有人问津。有一个路过的女士帮他改写了乞讨的文案，改编前后的文案分别如下：

改编前的文案是："我看不见，请帮助我。"

改编后的文案是："今天很美，可惜我看不见。"

很快，帮助他的人明显多了起来。

这就是感同身受的力量。

马丁·路德·金是一名非裔美国人，出生于美国佐治亚州亚特兰大，美国牧师、社会活动家、民权主义者，美国民权运动领袖。1963年，马丁·路德·金觐见了约翰逊总统，要求通过新的民权法，给黑人以平等的权利。1963年8月28日，在林肯纪念堂前，他发表了《我有一个梦想》的演说。1964年，他获得诺贝尔和平奖。1968年4月4日，他前往孟菲斯市，领导工人罢工后，被人刺杀，年仅39岁。

第二天，美国一个小镇上的小学女教师简·埃利奥特认为，她必须给自己班上的三年级学生解释这位伟人之死。她所在的小镇居民全是白人，学生们虽然听过金的名字，但理解不了谁会想杀死他，又为什么要杀死他。

女教师要把种族偏见这个抽象概念，变成学生心中的感同身受的具体体验。刚上课，她把学生分成两组，一边是褐色眼睛的孩子，一边是蓝色眼睛的孩子。然后她宣布了一条令人震惊的"科研结论"：褐色眼睛的孩子要比蓝色眼睛的孩子优越。

接着,两组学生的座位也被调整,互相隔离。

褐色眼睛的孩子坐在前面,蓝色眼睛的孩子被迫坐在教室后面。

蓝色眼睛的孩子们必须戴上一种特制的围巾,好让别人老远就知道他们眼睛的颜色。两组学生在课间也不许混在一起玩耍。

这位女教师发现,班上学生开始产生了歧视,昔日友情在刹那间化作乌有,因为褐色眼睛的孩子开始嘲讽蓝色眼睛的老朋友。

有个褐色眼睛的学生甚至提出了自己的质疑:"老师自己是蓝色眼睛为什么还能当老师?"

第二天刚上课,埃利奥特走进教室向大家宣布她记错了,那份科研报告其实是说,蓝色眼睛的孩子才更优秀。

蓝色眼睛的孩子们开始受到优待。真是风水轮流转,当褐色眼睛的孩子身处较差群体的那一天起,学生们形容自己感觉很难过。

甚至这种歧视直接影响到了孩子们的学习效率,那些遭受歧视的群体，拼读能力明显下降了很多。

这位女教师的模拟实验将种族歧视变得具体，令人感同身受。这在学生心中留下了永久的烙印。跟踪调查显示，这个班上的学生比起其他没有受过类似训练的同侪而言，产生种族歧视的倾向大大降低。

触发好奇之心的"知识缺口"效应

究竟"什么东西能让人产生兴趣"这个问题，是心理学家不断探索的领域。

行为经济学家乔治·卢文施坦针对"情境兴趣"提出了最为全面的解释，但结果却十分简单。卢文施坦认为，当我们觉得自己的知识出现缺口时，好奇心就会产生。

卢文施坦提出，有缺口就会有痛苦。我们想知道却不知道的时候，就好像身上痒痒的，总想伸手去挠。要解除这种痛苦，就得填满知识缺口。即使看烂片的过程相当折磨，但我们还是会有耐心地看完，这就是因为不知道结局实在太过痛苦了。

知识缺口会触发好奇心，或许会有人以为，人知道得越多，知识缺口越小，好奇心就越少。不过卢文施坦的观点却恰恰相反。他说，随着信息的增加和知识的积累，我们反而更可能专注于自己所不知道的东西。

比如，很多人都喜欢聊明星的八卦。因为我们对某些人所知甚多，所以我们更乐意去谈论他们。我们所闲话的对象不会是自己不熟悉的人，所以明星八卦也就会特别吸引人，其根本原因就是知识缺口效应。

这就有些像古希腊著名哲学家芝诺的"圆圈理论"：当你的知识圆圈越来越大，你也会意识到，圆圈外自己的未知领域同样也在变大。如果你觉得谁都没有自己懂得多，那恰恰是因为，你对自己无知的认识太少。一个小朋友如果能说出10个省的省会，他可能会很自豪；但如果他能说出20个省的省会，他可能会更关心他所不知道的那些。

聪明的文案会巧妙运用知识缺口效应，带领消费者在破解知识谜底的快感中接受品牌信息。

对标贴身战

所谓"对标",就是对比标杆找差距。在营销中,其实是一种贴身战。你的对手的层次,代表了你的层次。

若想建立强大的名声,有一个取巧的捷径,就是盯住一个强大的对手不放。

一个人的水平和档次,可以从他的对手看出来。在武侠小说里,为了塑造高手形象,往往采用这样的技巧:先让一个狠角色出场,结果这个狠角色被更狠的角色灭了。这时候,真正的主角才缓缓出场,轻轻一出手,就把更狠的角色打败了。

公关也是对标营销中的一部分。公关,就是处理与公众的关系,目的就是要在公众心里留下积极的印象。在公众的心里,你的对手的水平,代表着你的水平。

加多宝一再强调,自己是可以"比肩"可口可乐的饮料品牌。2012年,在一份所谓的《2012年前三季度中国饮料行业运行状况分析报告》里指出,2012年前三季度,中国市场的饮料行业总体景气程度下滑,其中一个分化趋势是:健康型饮料比重上升,而碳酸类饮料份额呈下降趋势。

目前碳酸饮料的市场份额已经下降到 21.9%，落后于饮用水 25.7% 以及果汁品类 22.2%。

"昔日风光无限的饮料界大佬可口可乐公司也在罐装饮料市场上让出了头把交椅，以 10.3% 的份额排于加多宝凉茶之后。"

明眼人都能看出，就算这个统计数字可信，这种比较方法也是非常罕见的。因为它只与罐装可口可乐进行比较。而罐装仅是可口可乐包装的一种，没有把玻璃瓶、塑料瓶，以及冷饮机终端的销量算进去。所以，可口可乐在中国市场的销量仍然远超加多宝。

尽管这个数据并不能代表什么，可是，一般大众谁会关注这些细节呢？

一些哗众取宠的媒体恨不得把标题写成"加多宝销量超过可口可乐"来以讹传讹。加多宝方面当然没有义务澄清这个问题，而可口可乐在这方面往往采取不回应的策略。双方互不回应，对于大多数公众来说，仿佛就是一种默认。

默契策略

什么叫默契？先看几个例子。

美国性医学专家马克·克雷恩博士认为："在美国新纪元，新技术总是运用在性的用途。"

比如，20世纪70年代，家庭用户对成人视频的需求推动了VCR(录像机)的普及。互联网最早实现盈利的网站是成人网站，最先采用了流媒体视频和在线信用卡支付功能的也是成人网站。

当然，克雷恩的思想有些极端，他和弗洛伊德一样，是个泛性论者——在什么上面都能看到性的影子。比如，克雷恩他认为，唇膏的造型就是生殖崇拜在工业设计中的体现。

克雷恩认为，自行车的普及，来自妇女性解放的动力。因为过去的美国妇女要穿着厚厚的笨重的衣服才能出门。因为要骑自行车的缘故，她们找到了一个非常恰当的理由，把衣服的分量减去一半。

纸尿裤本来是一种军用产品，比如给宇航员太空排尿用，后来才转为民用。1961年，美国《时代》周刊评选20

世纪最伟大的 100 项发明，其中就有纸尿裤。然而，纸尿裤刚在美国上市时，却受到了极大冷遇，纸尿裤后来就是靠着"默契下的共谋"得以推广的。

广告的主打价值诉求是：方便、省时！疲惫不堪的妈妈们再也不用一天到晚洗尿布了。然而，广告投放了很久，销量却没见增长。于是，营销公司找来一群家庭妇女做了一次"走心"式的访谈。

市场调查员问："纸尿裤怎么样？"

妈妈们一致回答："方便、省力、省时。"

再问："什么情况下最常用呢？"

有个妈妈想了一会儿说："婆婆不在时会用"。

又问："为什么？"

这位妈妈回答："因为婆婆看不惯。"

问题的症结找到了，原来全世界的婆婆都一样，看到儿媳妇用纸尿裤，便认为那是偷懒、浪费、不会带孩子！

当公司发现这一点后，立刻改变了营销的价值诉求，把软文广告强调的重点改为用尿不湿是更科学的婴幼儿护理手段。

在软文广告中，突出了纸尿裤的关键特点：柔软，透气，可以预防小孩红屁屁。

这下给了儿媳妇非常有说服力的论据。当婆婆再来刁难时，年轻的妈妈会拿出一份杂志或报纸的文章给婆婆看，用纸尿裤是为小孩好，用尿布才是虐待小孩呢！

营销公司通过软文，把媳妇不便讲出的心里话讲了出来。厂家和小媳妇们形成了一种共谋，压倒了婆婆们的意见。

很快，纸尿裤销量迎来了爆发式增长，纸尿裤也最终成了被全世界普遍接受的快消品。

降低支付门槛

壹基金是由李连杰先生于2007年发起成立的公益组织，它的宣传口号是：一个人 + 一元钱 + 每一个月 = 一个大家庭。这个文案体现的是一种化整为零的技巧。

在一些长途列车上，会有列车员向旅客推销袜子、皮带、玩具之类的商品。他们经常这样游说乘客："少抽一包烟，就能给小孩买一件益智玩具。"

"只是一包烟钱。"有很强的蛊惑力,它会打动很多人。

就像一个月90元和一天3元钱,其实是一个意思。但给人的感觉就是不一样。

两种不同的表达方式会给我们带来两种不同的心态。购买心态在受分期价格的刺激以后,我们就会将这笔钱看成是微不足道的小钱,就会把它当作小财对待。这就是所谓的"小财心态"。

"狡猾"的销售人员都善于利用消费者们的小财心态,大谈特谈,说服消费者选择自己的商品或服务。也是因为这样,商家才想出了这种以天算价格换去以年算价格的新型办法。

最初的报刊,都是按年订购价格标价的。有的人在订阅报刊时就会选择一次性地将报纸或书刊的年订购价交出,但这样的人都只是一小部分。报刊为了更大的发行量,逐渐改变了定价方式。现在的报纸、杂志,都是按照单期价格定价。

哈佛大学教授约翰·古维尔教授,做了一个实验,让人们真实地感受到了这种"小财心态"的影响力。

古维尔教授将实验对象分为两组，分别进行问答：如果邀请你为国际红十字会捐款，你愿意一年捐120美元吗？

另一组的问题是：你愿意授权银行以每月自动转账10美元的形式，向国际红十字会捐款一年吗？

结果，在愿意捐款的被试者中，大部分选择了每月10美元钱的形式。其实，这并不是调查人们的爱心指数，而是研究小财心态对公益慈善行为的影响。

利用"小财心态"吸引消费者，存在于很多行业和地方。比如，某保健品打出这样的宣传语："一天一元钱，全家人的健康顾问。"这是将那一年的费用都化为以天为单位来平均计算价钱的一个办法。

小财心态会引导人们做慈善，也可以用来诱导顾客进行无谓的消费。这在销售心理学中叫作"一天一便士"（Pennies-A-Day）策略。

限时优惠刺激成交

每天上下班，你们会看到大街上有些商店会打出这样的招牌："本店商品全部清仓处理，还有最后一天，抓住机会，不要错过。"

那么商家为什么要打出最后的"通告"呢？

当人们听到这样的销售广告时，心理上就会有这样一种反应：赶快去买，不买就没有了，过了这个村，就没这个店。因而也就会产生比较强烈的购买欲。

物以稀为贵。人们会普遍认为，机会越少，就越珍惜。

在大街上，你们也经常可以看到一些电影招牌，很多即将上映的电影，商家会张贴出很多电影广告，并且会在招牌下面标示：放映只限期三天，独家放映，欲看从速。

从营销心理学上来讲，商家打出最后的通告，是抓住了消费者这样一种心理：机会越少，就越难得，也就越想珍惜，并会努力争得到这些机会。

站在消费者的角度去试想，广告一打出来，顾客就会这样认为：这些机会不容错过，也不会做出过多考虑，便会果断地做出决定，狠狠抓住这些难得的机会。

消费者往往在看到商家的最后"通告"后，心里会产生巨大的思想斗争，"机会有限，去还是不去"……"还是去吧，机会难得，不容错过啊"。这是消费者的自我暗示心理在起作用，再加上商家的最后"通告"，消费者就很容易产生抓住机会的念头。

很多的商家都会设置最后期限。当顾客得知这种商品很稀缺时，就会尽快将稀缺商品买下，顾客也担心货源紧缺，当听到商家说缺货，要尽快购买，不然就涨价时，顾客难道还无动于衷？

销量领先会引发从众效应

我们选择从众，是来源于对损失的恐惧。

比如相邻的两家同样档次的餐馆，一家顾客盈门，一家门可罗雀，那么生意好的那家将会更加好，生意差的会更加差。第一次来的顾客，肯定宁愿排队去那家生意火的餐馆，而不敢尝试那家生意差的餐馆。

所以，人们总是禁不住凑热闹的诱惑。

一位石油大亨死后到天堂去参加会议，一进会议室发现已经座无虚席。于是他灵机一动，大喊一声："地狱里发现石油了！"这一喊不要紧，天堂里的人们纷纷向地狱跑去。

很快，天堂里就只剩下那位大亨了。这时，大亨心想，大家都跑了过去，莫非地狱里真的发现石油了？于是，他也急匆匆地向地狱跑去。但地狱并没有一滴石油，有的只是受苦。

显然，这个小幽默是在说，人性中有一种"从众心理"。"从众心理"是大众都很容易犯的一种通病。虽然，每一个人都标榜着自己有个性，但在很多时候，却不得不放弃自己的个性而随大流。

再如作为标准化工业品的饮料，加多宝总在强调自己是销量"全国领先"的凉茶，香飘飘总会强调自己卖了多少杯奶茶。这也是利用了从众心理。

日本有位名叫多川博的企业家，他因成功地经营婴儿专用的尿布，使公司的年销售额高达70亿日元，并以20%的速度递增的辉煌成绩，一跃成为世界闻名的"尿布大王"。

在多川博创业之初，他创办的是一个生产并销售雨衣、游泳帽、防雨斗篷、卫生带、尿布等日用橡胶制品的综合性企业。但是由于公司泛泛经营，没有特色，销量很不稳定，曾一度面临倒闭的困境。在一个偶然的机会，多川博从一份人口普查表中发现，日本每年出生约250万婴儿，如果每个婴儿用两条尿布，一年就需要500万条。于是，他们决定放弃尿布以外的产品，实行尿布专业化生产。

　　尿布生产出来了，而且是采用新科技、新材料，质量上乘；公司花了大量的精力去宣传产品的优点，希望引起市场的轰动，但是在试卖之初，基本上无人问津，生意十分冷清，几乎到了无法继续经营的地步。

　　多川博先生万分焦急，经过苦思冥想，他终于想出了一个好办法。他让自己的员工假扮成客户，排成长队来购买自己的尿布，一时间，公司店面门庭若市，几排长长的队伍引起了行人的好奇："这里在卖什么？""什么商品这么畅销，吸引这么多人？"如此，也就营造了一种尿布旺销的热闹氛围，于是吸引了很多"从众型"的买主来购买尿布。随着产品不断销售，人们逐步认可了这种尿布，买尿布的人也就越来越多。后来，多川博公司生产的尿布还出口他国，在世界各地都畅销开来。

排队消费已经成为众多消费者的一个情结，就像是听到哪家店的东西好吃，就会想亲自去尝一尝，满足一下自己的好奇心一样。一些商家也就利用了这个现象来吸引更多的消费者，因为商家知道在消费者心中都存在着一种"从众心理"。比如，餐厅服务员会优先把客人引领到靠窗的位置，目的是给路过的行人营造一种生意兴隆的印象。

一些软文的诉求点只有一个，那就是自己的某款产品多么受消费者追捧。这就是利用了人们的从众心理，把自己的商品炒热，从而达到目的。

生活中也确实有一些震撼人心的大事会引起轰动效应，群众竞相传播、议论、参与。但也有许多情况是人为宣传、渲染而引起大众关注的。常常是舆论一"炒"，人们就也跟着"热"。广告宣传、新闻媒介报道本属平常之事，但有从众心理的人常常就会跟着"凑热闹"。

逆反的力量

越是禁止的东西，人们越要得到手。越希望掩盖某个信息不让别人知道，却越能勾起别人的好奇心和探求欲，反而促使别人试图利用一切渠道来获取被掩盖的信息。这种由于单方面的禁止和掩饰而造成的逆反现象，即心理学上的"禁果效应"。这个效应对撰写带货文案是很有启示意义的。

在芭比娃娃诞生之前，美国市场上给小女孩玩的玩具都是可爱的小天使，它们都是圆嘟嘟、胖乎乎的儿童形象，这样的形象是大人对孩子们玩具的想象与期待。

1958年，美泰玩具公司的创始人兼女设计师露丝·汉德勒到欧洲出差。

在德国，露丝看到了一个叫"丽莉"的娃娃，十分漂亮。"丽莉"是照着《西德时报比尔德》中一个著名卡通形象制作的。丽莉是用硬塑料制成的，高18~30厘米。她长长的头发扎成马尾拖至脑后，身穿华丽的衣裙。身材无可挑剔，各种体征应有尽有，而且穿着非常"暴露"。

露丝敏锐地察觉到，这种娃娃小女孩也一定喜欢。回到美国，露丝着手模仿"丽莉娃娃"，1959年，制造出了"芭比娃娃"的样品。

芭比娃娃性感的造型震惊许多孩子的母亲，因为在此之前美国市场上的娃娃是没有胸部的。

■美泰公司出品的芭比娃娃，史上最广为人知及最畅销的玩偶，由露丝·汉德勒（Ruth Handler）发明。现在，"芭比"娃娃已经销往世界上150多个国家，总销售额超过10亿美元。

鉴于小孩子的监护人对芭比娃娃的态度，美泰公司聘请广告专家兼分析学家欧内斯特·迪克特去调查与分析女童及她们的妈妈。

迪克特经过深入的调查发现：父母的反对，反而会让女童们对这种娃娃更加喜爱。

迪克特认为，"芭比"的原型"丽莉"衣着太暴露了，那只是满足成年男人性幻想的产物，并不适合孩子们。完全"山寨"的路子行不通，美泰公司所需要做的，是继续保持芭比娃娃的性感。同时，美泰公司应该给芭比娃娃多穿一些衣服，以使母亲们能够接受并出钱买下它。

第一批芭比娃娃投放市场后，遭到了玩具经销商的冷遇。没有经销商看好这种娃娃，他们认为没有哪个孩子的父母会买这种性感娃娃。

但是，摆在经销商货架角落里的"芭比"却受到了孩子们热烈的欢迎，越来越多的父母被小女孩拉着购买这种玩具。芭比娃娃第一年就卖出了35万个。

1960年，经销商们完全改变了想法，他们大量向美泰公司订购芭比娃娃。美泰公司花了几年工夫提升产能，才满足了市场对芭比娃娃的需求。

芭比娃娃的风行，是因为父母们害怕孩子的哭闹，不胜其扰。

广告专家甚至会通过向小孩做诸如汽车之类的广告，来让孩子们说服大人，来买他们的产品。比如，让小孩对越野车感兴趣，小孩就会总在父母耳边说希望有辆越野车。

美国一位儿童营销顾问认为，14 岁以下的孩子，几乎影响了一半的家庭购买决策，将近 70% 的家长表示，他们的孩子积极参与了购车决策。

在某家玩具店前，有位年轻貌美的女店员笑脸盈盈地站在店门口，她手里拿着五颜六色的气球，在翘首观望来往店门口的路人。她看到带着小孩子的父母，就会向小朋友送上气球，还会向顾客宣传这是进店就会获得的"幸运奖品"。

小孩子往往会对外界事物产生一种直观表象的感受。他们没有严密的逻辑思维。纯真的天性会让小孩产生强烈的购买欲。只要进店，孩子就会被各种玩具所吸引。

而这时，在大多数情况下，年轻的父母由于刚刚当上爸爸妈妈，都会格外宠爱自己的小孩。他们往往经不起小孩子的请求，进而会购买孩子们想要的东西。

店家打出"幸运获赠奖品"的口号，是为了招徕更多的顾客。店家知道，只要搞定了小孩子，就等于搞定了他们的父母。

现在，我们再回过头来分析芭比娃娃这种商品是如何被售出的。

使父母不喜欢这种商品，从而增强孩子们对这种商品的渴望。

孩子们不停地与父母提起，父母不胜其烦。

父母强烈反对，镇压了孩子的无理要求；或者妥协，掏钱买下这个商品。

这个思路，其实也是很多顶级营销公司秘而不宣的营销手法。

菲利普·莫里斯公司（Philip Morris Companies Inc.,

PM）是当今世界上第一大烟草公司，总部设在美国纽约。

1998年年底，PM公司耗费了上百万美元，做了一批针对未成年人的公益广告，宣传口号为："多思考，别抽烟。"

其他不敢落后的烟草公司也推出了类似广告，比如："如果你未成年，烟草就是一匹怪兽！"

这些看上去"公益"的广告，任何人也挑不出问题来。

没有调研数据显示在这些广告播出之后，青少年吸烟的人数是下降了，还是上升了。

但是，正如我们前面所说的，越是难得之物，我们越是渴望拥有。这是进化赋予我们的本能之一。这种效应对小孩子来说尤其明显。当青少年得知烟草是自己成年后才能尝试的东西，那种类似"禁果"的诱惑就更难以抗拒了。

针对孩子的父母，PM公司的宣传口号为："交谈，他们就会聆听。"但是，青少年都是渴望独立的，很多时候，父母的简单禁止只能适得其反。

不只是婴幼儿、青少年有逆反心理。成年人也是有逆反心理的。

《红楼梦》曾经也是禁书，《红楼梦》的一纸风行，不仅在于它了不起的文学属性，更在于它还是一部反映贵族生活的小百科全书。对于旧时代的中国读者来说，能够窥得特权阶级的生活方式，是一种强大的诱惑。

第7章
"软""硬"兼施

神的巨大权威是在温和的风里,而不是在狂风暴雨中。

——泰戈尔

有一种广告叫"硬广",就是直接的广告。当推广信息的植入方式是直接、明确的介绍其商品、服务和价格时,我们称其为硬广。还有一种广告文案叫作"软文",又叫社论式广告,它所起到的带货效应也是无与伦比的。

以我们耳熟能详的某挖掘机文案为例:

硬广形式:挖掘机学校哪家强,中国山东找××。近百台世界各地先进设备供学员实习,试学一个月不收任何费用,山东××高级技工学校!

软文形式：

2000年当第一次公开恋情时，王某31岁，谢某某20岁，王某年龄是谢某某的1.55倍。转眼到了2014年，两人破镜重圆，王某45岁，谢某某34岁，王某的年龄是谢某某的1.32倍。现在问题来了：一，求两人年龄倍数与公历年的时间序列收敛函数；二，这件事给张某某、李某某留下了不小的心理阴影，求阴影面积是多少；三，如果用挖掘机填补阴影面积，那请问，挖掘机技术哪家强？

以"硬广"唤起注意，以"软文"给予承诺

硬广大致可以分为两种：第一种是和平型，第二种是暴力型。

和平型：要么画面精良，要么创意十足。其本质是迎合顾客的自我意识：这个牌子可以使你更美丽、更强势、更有格调……

暴力型：只有简单粗暴的宣告：记住我，记住我。

有些商品，甚至会在包装袋上打出"某某电视台广告

商品"字样。这样做虽然格调不够高,却很能反映广告主的诉求。

关于这种广告本质,博弈论有着最本质的解读,被称为"诚实的肉票"。

历史上,国与国之间为建立信任关系,国君会把自己的孩子送到别国去当质子。

假设秦国想向赵国借兵打仗,怎么保证秦国强大后不反噬赵国呢?秦王为消除赵王的疑虑,向赵王提出一个请求,说自己最钟爱的二儿子长大了,希望去赵国游学几年,以增长见闻。赵王哈哈大笑,表示欢迎。双方都给足了对方面子,心照不宣地达成了一种默契。于是,秦国的王子被送去赵国当了质子……

这年头,广告做得越来越华美,越来越富有创意。然而,这到底能起多大作用,很让人怀疑。因为"拒绝是顾客的天性"。看视频,你的第一本能是关掉片头那几秒的广告。在街头,你或许会接过宣传单,然后走几步丢进垃圾桶。你丢掉的不是垃圾,而是垃圾中的垃圾。

观众的口味越来越刁，广告创意越来越显得苍白乏力。在所谓"创意为王"的广告界，现在最不缺的就是创意，缺的是如何让顾客有多看一眼的耐心。所以，从最终的成交转化率上来说，暴力型广告无可厚非。它只是抓住顾客还没来得及逃开的那宝贵两秒钟吼一声：我的品牌已经烧过钱了！

假设一位先生，他觉得有必要拜访某位长辈，决定买一份保健品作为礼物。

店员告诉他："褪黑素可以改善睡眠，这里有几个品牌的保健品都含有褪黑素，比如脑白金和某某某，价位差不多。"

同样的产品、同样的品质、同样的定价，顾客会选择在电视台打过广告的，放弃没在电视台打过广告的。

哪怕他平时不喜欢脑白金的广告，但是在做真实的决策的时候，他的理性之脑就开始运转了。

硬广，就是让顾客看到意念中完美的自我，或者以最有力的形式消除顾客花冤枉钱的顾虑。

相比硬广的仓促、猛烈，软文则显得从容不迫。

如果说硬广是劈开顾客脑海的急先锋，那么软文就是前来安抚众生的说客。

和平型广告并非无效，只是很难统计到底发生了什么作用。

任何一个广告都有特定的效果。从本质上来说，硬广是企业资源托妻献子的"肉票"，软文则是那个前来摊牌的说客。软文是以春风化雨的温柔说服顾客去购买。

软文不一定就是"托儿"的文字，不一定就是隐藏品牌以曲笔达到成交目的。软文，只是以一种"非暴力"的方式，去游说顾客购买的广告文案。

软文不死，它只是在不断演化

软文，可以说是中国广告里土生土长的一朵奇葩。欧美国家有一个与其比较接近的概念叫"社论式广告"。

史玉柱当年的老三篇，已经成为软文界的范文，它们是——

《人类可以"长生不老"？》；

《不睡觉，人只能活五天》；

《一天不大便有问题吗？》。

然而，这并不是本书所推崇的。

首先，经过新媒体的洗礼，人们已经变得越来越老练，越来越敏感，越来越多疑。他们懂得如何屏蔽推销，懂得从字里行间鉴别"笔者"是不是拿了厂商的钱。

有人这样形容对软文的感觉：如果"硬广"的感觉像吃苹果吃出了一条虫子，软文则像吃苹果吃出了半条虫子。

更重要的，法律已经为我们画出了一条红线。新《广告法》已经正式执行，其中第十四条规定：

广告应当具有可识别性，能够使消费者辨明其为广告。大众传播媒介不得以新闻报道形式变相发布广告。通过大众传播媒介发布的广告应当显著标明"广告"，与其他非广告信息相区别，不得使消费者产生误解。

以伪装成新闻报道的广告来入侵消费者脑海，是一场挑衅法律的冒险。靠软文木马屠城，已是明日黄花。

然而，软文不会死，它只是在不断演化。

爆款文案的法律边界

1909 年，正是清朝末年。广州《时事画报》上，刊有一篇"买妇科丸者请看"的报道。

话说广州城内某甲，本是一个药店的伙计，兼职行医，不过水平相当一般。有一阵，甲妻因患妇科病，腹痛难忍，某甲自己不能医治，只好另去买来几味"区嘉园妇科丸"，给妻子服用。不想这"区嘉园妇科丸"果有奇效，不仅治好了甲妻的腹痛，没过一年，甲妻居然还怀孕了。某甲灵机一动，想出了一个李代桃僵的招数：他买来大量"区嘉园妇科丸"，撕去原有包装，改头换面，将其包装成自家秘制丸药，每有人因妇科病前来求诊，必开出此药，且经常药到病除，某甲因而声名大振，慕名而来的求医者络绎不绝。谁知，就在他名利双收之时，家人某天打扫卫生，竟将大量"区嘉园妇科丸"的包装纸倾倒在街边，被有心人看见，"商业机密"顿时大白于天下。于是，"区嘉园妇科丸"名满羊城，销量直线上升，而某甲声名扫地，诊所关门。

以今天的眼光看，这是一则典型的软文（社论式广告）。但那时没有新广告法，不必标注这是一则广告。

如果你只把软文营销理解为扮"托儿"、黑对手，那就太低级了。

我们提倡合情合理合法地挣钱，光明正大、依法依规地做广告。

第8章
带货,不是"软文种草"那么简单

在适当的情况下,总是存在一种简单的信息包装方法,使信息变得令人难以抗拒。我们的任务就是要找到这种包装方法。

——马尔科姆·格拉德威尔

这几年"种草"一词走红社交媒体。"种草",表示"分享推荐某一商品的优秀品质,以激发他人购买欲望"的行为。很多时候,人们会称之为软文,不少企业都把软文当作一种必要的宣传手段。

软文 ≈ 社论式广告 + 原生广告

一些自媒体人认为软文是拿了钱去写的宣传文章。如果按此定义，其实软文非常难以确认，因为软文大致有三类：

第一类软文只是增加曝光度，刷存在感，只需惊鸿一瞥，提及产品或者品牌即可。

第二类软文用于介绍产品，需要详细的介绍，甚至提供故事。

第三类软文用于增强美誉度，需要一份貌似公正的行业调查报告。

然而，这三类文章都很难鉴定是不是真正的软文。因为你无法确定作者是不是真的特别喜欢这款产品或服务，而忍不住多费了点笔墨。

软文没有错，公关稿也没有错，但是一些人难免会出现无底线的做法，而把软文的名声做坏。

软文，可谓广告界的一朵奇葩。任你翻遍广告学教科书，也找不到这个概念，但每个广告人却都会谈谈它。在不少人的观念里，软文就是一种"野路子营销学"，一种低成本（甚至零成本）的宣传策略。

其实，很多人都是误解了软文。参考国际通用的广告学概念，不妨给软文下一个定义：软文≈社论式广告＋原生广告。

软文之于工业化媒体，叫社论式广告；之于互联网新媒体，叫原生广告。

社论式广告（advertorial），是个来自麦迪逊大街的合成词，是英文 advertisement（广告）和 editorial（社论）的缩合词。

原生广告（Native Advertising），是 2012 年才出现的一个新概念。一般的解释是：通过"和谐"的内容呈现品牌信息，不破坏用户的体验，为用户提供有价值的信息。让用户自然地接收信息。这也是为什么 Twitter 和 Youtube 这样的封闭平台，可以在过去几年内将几十亿美元的广告收入放入囊中的原因。

有些人鄙视软文。

一位新媒体观察家说："我对软文持中立态度。然而我从不接软文约稿，也不是不能写，如果你给我 100 万元写一篇，那也可以考虑的。"

其实，软文没那么不堪。软文只是一种广告形式，很多公益广告也是以软文这种形式得以广泛传播的。

一方面，软文所存在的问题，"硬广"也都存在。另一方面，这世界上有多贵的硬广，就有多贵的软文广告。

汉语博大精深，"软文"二字内涵是无限丰富的。

超级软文

花钱买赞美性文章，古已有之。

据《昭明文选》记载，汉武帝金屋藏娇，封阿娇为皇后。后来皇帝变了心，注意力慢慢转移到了别的妃子身上。于是这位阿娇皇后就花重金请来大才子司马相如，写了一篇《长门赋》。汉武帝读过此文后，对皇后好感度急速回升，阿娇重新得宠。

这就是"千金买赋"的故事，《长门赋》可视为一篇古代的软文（原生广告）。

千金买赋，在古代固然是美谈。如果放在今天，说不定会被网民"撕"个底朝天吧，甚至最后剧情出现大逆转。

因为现代人的口味越来越刁,眼光越来越毒。在广告无孔不入的今天,很多人已经进化出一种辨识广告的新本能。

所以,有些软文,读者看几秒就能判定是广告,便会果断选择无视。

但有些软文,读者明知是广告,还是忍不住要看,不仅自己看,还要转发给朋友看。这就是超级软文与平庸软文的区别。

我想要谈的,正是这种超级软文。

超级软文是一种带有生命力的广告文案,它是用户乐于阅读、乐于分享、乐于参与的广告文案,而不是单纯的"到我为止"的被动式广告传播。

说起软文,很多人是持鄙视态度的。究其原因,还是因为平庸软文太多。

如今,任何人出1万元就能轻易找人代写一篇软文,甚至发布者还可以做人格背书。但在这个时代,发这种软文,真的会有效果吗,确认不是自黑吗?这种斯文扫地的平庸软文,实在没有讨论的价值。

有这样一个故事。

我有位朋友,从前是西北某省人民广播电台的节目主持人,她和我讲过一件20多年前的事情。

那年,她刚毕业,就被委以重任,成立了一个类似都市夜话的栏目。眼看就要过中秋节了,电台栏目组却没有收入,于是开始招聘业务员,去拉赞助。也许是那时候市场经济不发达,也许这些业务员没经验,反正最后一分钱的赞助也没拉到。

正在一筹莫展的时候,来了个其貌不扬的男青年应聘业务员,其貌不扬也就算了,关键还是个大舌头——发音不清、结结巴巴,还不会普通话。

负责招聘的人直皱眉头,最后还是答应不给底薪,让这个大舌头试一试。这位大舌头先生第二天就拉回来一车的月饼。这是某食品厂赞助的,足够给台里所有职工当作过节礼。接下来的一周,这个大舌头又拉回了几笔赞助,所有的人都开始对这位大舌头先生刮目相看。

据这位朋友说,尽管这位"大舌头先生"口齿不清,但他有一种"补偿优势",那就是没有废话,每句话都能说到点子上，或者说到人的心坎儿上。

写商业文案，其实也是一个道理。

所谓的"文笔"，所谓的"文采"，都只是锦上添花的东西。最关键的，还是能不能从消费者的角度进行揣摩，什么样的语言最能打动他们。

软文，说白了就是一种"可以打印出来的业务员"。它可以不酷、不帅，甚至吐字不清，但一定要"走心"——懂得客户的心理。

新媒体时代，把成功的软文比喻为"可以打印出来的销售员"已经不够。它还应该是令人忍不住转发的"心理按摩师"。

超级软文不仅要有销售员的职能，它还要插翅生脚，能够被人转发、传播，引爆朋友圈。

软文写手，一定要花时间去思考、揣摩消费者心理学，以最巧的力道击中人心。

软文是"做"出来的

找人写软文的时候，首先会想到的大概是：某某"文笔"好，这个任务就交给他了。

这其实很不靠谱。

如果把人脑比喻为一台生物计算机，我们怎么才能让电脑运转呢？

是靠电脑工程师，还是平面设计师？

广告文案可以分两种：一种是艺术型文案，他们懂得搜罗最华丽的文字，堆砌嵌入广告词中，但这种优美的辞藻，真的就能触发顾客的购买冲动吗？还有一种文案是技术型文案，可能没那么文艺，但这种文案就像一段程序代码，可以潜入人脑，启动人们的购买程序。

只有懂得什么地方用艺术之美，什么地方用心理驱动的文案，才能称为超级文案。欲写出超级软文，必须洞悉消费者心理。

事实上，软文比硬性广告涵盖更广，它是一个系统工程。

它涉及市场细分、品牌意象塑造与维护、顾客体验、公共关系……这涉及深厚的专业知识，而这不是区区"文笔好"就可以玩得转的。

如果我们以更加开放的心态看软文，它很可能已经涉及营销行业的真正精髓了，以至于很多从业者对它讳莫如深。

不妨思考一下，在古代，品牌声誉是怎么建立的？

比如杜康酒、大红袍茶叶、王老吉凉茶、王麻子剪刀……

这些都离不开古代的"意见领袖"——文人、雅士、剧作家、说书人、话本作家、游吟诗人等的渲染，而后人们口口相传，就成了品牌。这些人就相当于最早的"自媒体"。

著名"大V"吕不韦可以看作"前自媒体"时代的大炒家，他搞了一份自媒体刊物叫《吕氏春秋》，还悬出赏格，说有人能在书中增加一字或减一字者，就赏赐千金。

这就是一字千金的典故。

报纸、广播、电视出现后，机构化媒体垄断了话语权，于是，在这些媒介机构砸"硬广"成了品牌制造的最便捷途径。

互联网的普及，使自媒体勃兴。越来越多的品牌、红人、巨星，即使绕过电视、广播、报纸，一样可以崛起。传播形式的"螺旋式上升"，带来了新一轮软文"风口"，这次软文热的回归，是以原生广告为主的。

人生何处不软文？在流传久远的诗词歌赋里，在古人的笔记里，在各种传奇话本里，都有意无意植入了编撰者的立场、诉求，这算不算是软文呢？

各种图书的腰封上的名人推荐、书的序言，主要用意不过是劝说读者买下这本书而已。

相信你也看出来了，这篇文章也是本书的软文。

广告做完了，我们接着上"硬货"。

认为软文等于低成本营销的，都是外行。不信你去向奥美公司询问软文营销的价格。

还有一些创业者会幻想，自己的产品会碰巧被哪位意见领袖"翻牌子"主动推荐——这简直就是零成本的软文推广嘛！但其实，越是重量级的意见领袖，越是爱惜羽毛，越不可能为你做软文广告。

如果你做得"足够好",你可能会成为一些意见领袖的朋友。他也可能拗不过人情,会免费推荐你的产品,但免费的背后必须有等价的付出,这世界没有免费的午餐。

打铁还需自身硬

一流的软文写手都是爱惜羽毛的,你给我钱,让我做广告,我接受。你给我钱,让我用人格为你背书,我做不到!

某自媒体观察家对软文持中立态度,他说:"我不能接受自己码的字被商业力量包围。"所以,他的每篇文章下,经常会有一条声明:"本人不接受商业文章(俗称软文)撰写的合作"。

他有这个底气,因为商业收益不一定要靠软文来实现。如果内容足够优质,仍然可以通过内容获得媒体的关注和商业的青睐。事实上他也获得了不错的商业收益。当你有了名气后,会有人找你去开讲座、当评委,甚至担任公司的顾问,这时,软文的赏格不够高,你是根本不会考虑的。

不过对于软文,他并不否定:"我不认为软文十恶不赦，自媒体的存亡取决于用户，现在的微信公众号这么多，你不喜欢，退订就是了。如果用户心甘情愿地看这种商业性文章，那就证明文章本身还是有营养的。"

这与我的观点一致，软文可以有，但一定要有营养。广告可以有，但一定要有提示。故事可以编，但一定不要伪造成事实。

某报刊曾发表文章，指出"全媒体时代，不仅微博充斥着明星虚假体验的'软广告'，电影、电视、微信公众账号等各路媒体都不乏这类'软文'的踪影。从法律上看，对这类'软广告'的监管的确存在不少的法律空白，至少目前还没有专门针对新媒体营销推广的法律法规"。

央视《朝闻天下》曾点名批评某电商平台上有刷评论、刷点赞等违规行为，并因此还孕育而生一系列的黑色产业链。报道直指"软文太多了""对消费者有诱导"。

就算软文营销存在着一定的法律真空，作为从业者，也要有底线，有良知。广告软文撰写者必须要熟悉广告发布的相关法律、法规，发布的广告要以不能与现行的法律、法规相抵触为前提。

第 9 章
用"意外"黏住顾客

消费者并不知道自己需要什么,直到我们拿出自己的产品,他们就发现,这是我要的东西。

——史蒂夫·乔布斯

如果我们传递的是一个受众认为理所应当的信息,就不会勾起他们的兴趣。比如标题,如果能打破别人的预期,就能抓住读者的好奇之心。比如:

《北极原本有企鹅,而人类用 350 年把它吃到灭绝》;

《剽悍的人生不需要解释》;

《生命,就该浪费在美好的事情上》;

《太疯狂,鹦鹉都懂"概率论"了》。

你仅仅懂得"标题党"的套路还不够,还必须修炼内功，做一位"内容党"。

凭着制造悬念、幽默感等技巧，资深内容党能有效黏住读者。

如果说凭着标题、图片这种小伎俩可以争取读者三秒时间，能否真正黏住读者，则要看撰稿人自己的修炼了。

创造意外的兴奋

世界上最动听的一句话，也许不是"我爱你"，而可能是"你的癌症是误诊"。

意外之喜，能让大脑勃然兴奋。

研究人员用香蕉来喂一群猴子，并通过大脑扫描技术监测记录猴子的兴奋程度。研究发现，与事先得到信号时的情景相比，在没有任何预兆的情况下，猴子得到香蕉时会更兴奋。猴子的多巴胺神经元兴奋得更持久，强度更高。也就是说，与研究熟悉的食物相比，多巴胺系统对新鲜事物的刺激更敏感。

乔布斯是一个表演天才，他最喜欢制造意外之喜。

乔布斯最喜欢干的一件事是，在演讲中，装作漫不经心地说："还有一样东西。"接着，他拿出一件让大众惊叹的新产品。

当人们都在猜测下一代 iPod 是什么样子的时候，乔布斯掏出了一只 iPhone。当大家都觉得发布会结束了，正要散场的时候，乔布斯又漫不经心地拿过来一个信封，从里面掏出一个 Macbook Air 超薄笔记本电脑。

魅族科技的创始人黄章是一个传奇式人物，据说他连高中都没有读完，但却一度做出了全球顶级配置的手机。黄章常说："让用户得到的超过预期值。"魅族科技在前三年时间仅做出了两款手机，但这两款手机并非"完美之物"。可接着，魅族却推出了一系列补差价旧机换新机，甚至免费换新机的政策。再如，魅族手机的待机时间，其他厂商都标注最长时间，魅族却标注最短时间。超高的性价比，超出用户预期的售后服务，促成了用户口碑的形成。

从做 MP3 开始，黄章就开设了网站，j.wong 是其在论坛注册的 ID。黄章本意是通过互联网更近、更及时获得用户的反馈。几年间，黄章发布了数千篇"帖子"。

无心插柳柳成荫。由于黄章本人的活跃及魅族产品口碑，魅族论坛的用户越来越多，日活跃用户高达数万。

魅族不需要花重金进行广告宣传，就能获得最高效的广告。因为这些魅族的铁杆粉丝，营造了魅族手机的口碑效应。

粉丝口碑营销的威力，到底有多大呢？如果每个粉丝能给企业带来两个新粉丝，那么其结果就会让人瞠目结舌。

打个简单的比方，一张纸，对折43次，它将变成多厚？

假设这张纸厚0.00006米，$0.00006 \times 2^{43} \approx 5.3 \times 10^8$米，而地球到月球的距离约为$3.85 \times 10^8$米。

据统计，一个忠诚的老顾客可以影响25个消费者，诱发8个潜在顾客产生购买动机，其中至少一个人产生购买行为。铁杆粉丝还可以带动周边产品及换代产品的销售。

所谓"零缺陷"的产品，基本是个不可能完成的任务。但是，做出超出顾客预期的产品或服务，则要简单得多。维护好铁杆粉丝的关键在于给予他们超出预期的好处，让他受到感动，并得到满足。

黄章说："有一分钱做一份事。我们的产品要用最好的元器件，这是不能变的；研发也要有大投入。广告现在不是时候。"

当然，魅族很是重视门店建设，在珠海，魅族的旗舰店面积有 300 平方米，里面只卖一款手机，这其实也是树立品牌形象的"道场"。

用"意外"和"悬念"维持注意力

民航客机的空乘人员，一般都会在起飞前进行安全广播。然而，没有几个人会关心广播究竟说了什么内容。一位名叫卡伦·伍德的空乘，为唤起乘客注意，改写了广播的文案：

女士们，先生们：如果各位愿意腾出点儿时间赏个光，我们非常希望为大家介绍一下飞机上的安全设施。

如果你从 1965 年到现在都没坐过汽车的话，我可以告诉你，系紧安全带的正确方法是把扁平的那一头滑进搭扣。要想解开安全带，只要把搭扣往上提，就松开了。

有一首歌是这么唱的"离开爱人可有 50 种方法"，不过要离开我们这架飞机只有 6 种方法：前方的两个出入门，机翼上面的两个逃生窗，还有后方的两个出入门。

每个出口上方都标示得很清楚。各位还可以看一下,过道地板上也有红白色的迪斯科灯指示出口方位。

嘿,大家还真看了呀!

再看看悬念,这个概念来源于西方编剧理论,在中国戏曲理论著作中,虽无悬念一词,但所谓的"结扣子""卖关子",以及清代李渔在《闲情偶寄》词曲部格局一章中提出的有关"收煞"的要求:暂摄情形,略收锣鼓……令人揣摩下文,不知此事如何结果。其内涵就是与悬念基本相似。

"给你200万元,离开我女儿。"

"阿姨,我们是真心相爱的。"

"400万元。"

"阿姨,我不是为了钱,我们感情不能用钱来衡量。"

"600万元。"

"阿姨,您别逼我。"

"1000万元!最后一次,离开我女儿!"

男孩叹了口气,从口袋里掏出一张银行支票。

"这是1亿元,我要娶你女儿!"

女士惊讶……

一个悬念就此留下了。

下面可以嫁接植入各种广告。

比如，可以让女士问：你哪儿来那么多钱？

男孩回答，多亏了某某地产中介，让我买了某某楼盘。

也可以让女士问：女婿，你有什么要求？

男孩说，就让她使用某某品牌的商品……

写作上，悬念可以是直截了当地设问，比如"假如有一天世界上只剩下一个人……"也可以曲笔制造神秘的气氛。许多名著之所以能成为名著，都是以悬念开头，诱导读者读下去的。

许多年之后，面对行刑队，奥雷良诺·布恩地亚上校将会想起，他父亲带他去见识冰块的那个下午。

——加西亚·马尔克斯《百年孤独》

怀孕的高郎古杰夫人吃多了牛肠竟然脱了肛，下人们不得不给她灌收敛药，结果却害得她胎膜被撑破，胎儿高康大滑入静脉，又顺着脉管往上走，从他母亲的耳朵里生出来。

——米兰·昆德拉《被背叛的遗嘱》

今天，妈妈死了。也许是昨天，我不知道。我收到养老院的一封电报，说："母死。明日葬。专此通知。"这说明不了什么。可能是昨天死的。

——阿尔贝·加缪《局外人》

距今三百四十八年六个月一十九天，巴黎老城、大学城和新城三重城廊里，一大早群钟便敲得震天价响，把全市居民都弄醒了。

——维克多·雨果《巴黎圣母院》

一八二四年，巴黎歌剧院举行最后一场舞会时，一位年轻人在走廊和观众休息室踱来踱去，走路的姿态显示出他在寻找一个因意外情况而留在家中无法脱身的女子。他那英姿勃勃的外表使好几个戴假面跳舞的人惊慕不已。

——奥诺雷·德·巴尔扎克《交际花盛衰记》

R侯爵夫人可不是才智横溢的，尽管文学作品里，凡是上年纪的妇女无不被写成谈吐妙趣横生。她对样样事都无知透顶，涉足上流社会对她也于事无补。据说饱经世故的妇女所特有的吐属有致、洞察入微和分寸得当，她也一概没有。恰好相反，她冒冒失失，唐突莽撞，直肠直肚，有时甚至厚皮涎脸。对于一个享乐时代的侯爵夫人，我能有的种种设想，她都统统给破坏了。但她却是个地道的侯爵夫人，她见过路易十五的宫廷。

——乔治·桑《侯爵夫人》

我已经老了。有一天，在一处公共场所的大厅里，有一个男人向我走来，他主动介绍自己。他对我说："我认识你，我永远记得你。那时候，你还很年轻，人人都说你美，现在，我是特地来告诉你，对我来说，我觉得现在你比年轻的时候更美，那时你是年轻女人，与你那时的面貌相比，我更爱你现在备受摧残的面容。"

——玛格丽特·杜拉斯《情人》

一八一五年二月二十四日，在避风堰瞭望塔上的瞭望员向人们发出了信号，告之三桅帆船法老号到了。它是从士麦拿出发经过的里雅斯特和那不勒斯来的。立刻一位领港员被派出去，绕过伊夫堡，在摩琴海岬和里翁岛之间登上了船。

——亚历山大·大仲马《基督山伯爵》

悬念的功能是诱导阅读。自媒体上，有较高传播率的文章，从标题、结构到节奏，都会注意到悬念的设置规律。

免费可让大脑勃然兴奋

众所周知，价格可以调节供求。

价格越低，购买的越多，当价格近乎零的时候，需求就会以非常夸张的方式显现。

某地有个农民，萝卜丰收了，却没有销路。他做了个广告，请城里人免费挖萝卜。结果来了大批的市民，不光拔光了他的萝卜，还顺手牵羊把他的其他蔬菜也拔了个精光。

其实，这些萝卜并不值几个钱，折算成市价，恐怕连路费都不够。但免费总能引起大众的亢奋。

"免费"引起的亢奋，与行为经济学中的"损失厌恶"相关。

如果很多人都参加了某项免费促销活动，自己却没有参加，相对而言，对自己就是一种损失。

免费的物品和服务，迎合了人们害怕损失的这种心理。免费活动，会使人们的情绪产生波动，从而诱使人们做出非理性的购买选择。

商家在营销手段上，会推出很多"免费"的措施。

1. 部分免费。比如，在一些娱乐场所，女士免费，男士收费。这种免费策略的关键就在于不但可以吸引免费的顾客，还能吸引更多的非免费顾客进行其他消费。

2. 全免费。产品从购买、使用和售后服务等所有环节全部实行免费。比如，"微博"这项服务，巨大的访问量为网站的其他增值服务创收打下基础，比如广告收入和无线业务的收入。

3. 捆绑式免费。比如电讯服务商经常推出"零元购机"活动，可以白送你一部手机，但你要缴很多的话费。纯净水供应商免费送一台饮水机放在你的办公室里，但你要购买他们的桶装水。

免费会引起非理性的消费。比如"零元购机"活动中，有些消费者平时每月只需要消费 80 元电话费。但是，为得到一部免费的苹果手机，每个月不得不消费 300 元话费。

免运费策略也是一种捆绑式免费，它会给顾客带来非理性的购物冲动。很多人会在免费的号召下，忘记了自己有些东西是不需要的。

为了可以让销售员更清楚地看到免费给销售带来的影响，我们就一起来看看免运费在现实销售中的一些案例。

在电子商务领域，很多购物网站都进行这样的促销活动，比如：全场购物满59元免配送费。

这样的活动就会导致这样的结果：假如有一个顾客购买的商品价值为55元，就还要支付不低于5元的配送费。但是，倘若这位顾客再购买一件不低于4元的商品，使购买商品的价格达到或者超过59元，那就不用付运费了。

即使自己没有需要的商品，也会问问朋友或者同事是否需要购买，就算是她的朋友现在不要，以后可能有需要就会购买。因此，消费者还在无形之中帮助电子商务网站做了免费的广告和宣传。

事实上，消费者和商家都看得出这个简单的得失结算。每个消费者都是这样想的：如果再多购买一些商品，凑足59元，就可以享受商家提供给顾客的免运费服务，这样比自己支付运费划算。而这种结果，也是商家所想要的。

其实，很多的消费者在开始并没有打算要消费59元，但在看到这样的促销广告之后，为了可以享受免费配送的优惠条件，就会情不自禁地再买一些本来不想买的，或者不需要的商品。

从销售商的角度出发，尽管消费者的心理差别只有微小的变化，但是足可以对增加整体的销售额起到明显的促进作用。

这就是在当今市场营销中的经常被运用的"免运费策略"。国外的亚马逊网络书店，早在几年前就开始使用这种销售中的心理战术。这种策略是随着亚马逊并购卓越，而被移植到国内市场的。

类似于"免运费策略"的例子有很多。如电信运营商为了让用户尝试使用新鲜业务，就采用了一种免费试用的方式。

优质的内容必有回报

只有优质的内容才能创造价值。噱头只是技巧，提供给读者有价值的阅读，才能让读者乐意去分享，才能具有传播力。

广义地讲，软文就是与"生硬、呆板、无趣"相反的一切广告文案。一定要追溯的话，软文这种东西，可能从人类有了文字以后就存在了，但这并不是本书想要探讨的。

软文是"硬广"的另一面。在古代，资讯匮乏，就算是广告，人们也是带着敬畏的心来阅读、聆听。现在，我们进入了资讯泛滥的年代。人们开始想尽办法屏蔽冗余、无趣的资讯。

这个时候，广告人知道，把广告文案以有趣、有益的笔法呈现，就会被受众广泛接受了。软文，就是为产品或服务所做的"软性"宣传，以文章的形式，行宣传之实。

互联网兴起以后，软文成为"性价比"较高的营销利器。通过论坛发帖、媒体记者或"网红"之口，对自己的产品进行吹捧，对竞争对手进行抨击。这其实并不可取。

营销的规则一直在变，而很多企业仍抱残守缺，力图通过"软到家"的文章树立企业品牌形象。殊不知，软文营销已经不是记者或者自媒体意见领袖写几段吹捧的文字就能起到作用的时代了，现在的读者越来越挑剔了，如今，文章内容稍微有些赞扬企业的言论都很有可能被贴上软文的标签。

中国人有敬惜字纸的传统，认为每个文字都是带有灵性的。古人认为，写在纸上的文字，不能随意亵渎，即使是废字。

一些古城还保留有"惜字塔"的遗迹，塔龛中供奉仓颉、文昌、孔圣等神位。与用于烧金银纸的金炉不同，惜字塔是烧毁书、有文字的纸张的地方。

一个合格的文案写手，必然是一个敬惜字纸的人。用现在的话来说，这就叫职业精神。

愉悦众人的，必然会有回报。

这里用愉悦，而不是取悦，是因为取悦是主动的，愉悦有可能是被动的。

网络上各种突然爆红的红人，他们爆红网络，有些是刻意为之，有些又完全是一个意外。

早在几十年前，波普艺术大师安迪·沃霍尔就预言，每个人都有成名 15 分钟的机会。

新媒体已经把成为名人的成本降到最低。

古人还认为，"天道"是一个能够自我平衡的系统。你的努力，不会白费。你种下了因，就会收获果。失之东隅，收之桑榆。

你如果坚持写有营养的文字，最后就会有很多意想不到的收获。一个人，如果长期写好的文章，他就会赢得公信力、影响力。

所以，如果选择投放软文的合作者，一定要考察他过去写的文章。如果他写的10篇文章，一半都是做广告，那么这个人的公信力早就被透支干净了。如果一个人写的文章绝大多数都是富有营养的，则可以确认他的公信力是健康的。

广告文案也可以有料有趣

多屏时代的信息过载，必然导致注意力匮乏。心理学家有个比喻，这就如同我们对着高压水管喝水，水量明明挺多，可是你能喝到嘴里的反而越来越少。

传统广告的投放，不客气地说，大部分都是在浪费金钱。别说年轻人，连中年人都开始"注意力高度不集中"。看个电视都会走神儿，打开手机看看微信什么的……

仅仅有趣还不够，还要有料。因为受众的注意力，就像正在搜寻猎物的猎人一样，在寻找着有价值的东西。有趣只能短暂吸引受众，我们还要创建有价值的内容，并将其分享给目标受众，以吸引顾客购买我们的产品或服务，这种营销思维被称为"内容营销"。

正如戴维·斯科特所言："你的客户不会关心你，也不会关心你的产品或你的服务……他们关心的是自己，是他们自己的想法和需求。内容营销是为客户创造他们所需要的有趣的内容，这才是他们关注你的真正原因。"

内容营销的形式可以是视频、博客、帖子、图像、网络讲座、微博、白皮书、电子书……在网络领域，任何有价值的信息都可以被称作内容。

在过去的十几年中，内容营销主要针对台式计算机。之后，我们需要将思维转换，牢记"移动设备优先原则"。

互惠本能产生资讯债权

网红，是网络红人的简称。网红能为我们提供什么满足？快乐、幻想、资讯、情感共鸣……这些本质上都是

"资讯债权"，它可以通过多种形式变现。

比如，罗振宇的"罗辑思维"，你可以说是"知道分子"的网络文摘，但你必须承认一个现实，高级知识分子所占人口比例又有多少呢？通过选题策划，把一些常识性的东西深度加工，二次编辑，朗读出来。用一些新媒体观察家的话来说，这就是加持版的心灵鸡汤。

后来的鸡汤写手们为了逐利，就加进去了很多添加剂，产出了很多的有毒的心灵野鸡汤。于是乎，"鸡汤"这个词儿仿佛臭大街了。但你不可否认鸡汤体曾经辉煌，未来将通过改头换面再次辉煌。

尽管很多人诅咒鸡汤，但这种批评其实毫无意义，就像古典音乐爱好者没必要鄙视摇滚乐爱好者。

或许，对于学养深厚的人来说，罗振宇的东西浅薄了一些，但罗振宇的目标听众是普通大众。而"罗辑思维"的这个深度，足够普通大众仰视了。对于大众来说，"罗辑思维"的"养分"是合适的，再深一些的东西，就会曲高和寡，"虚不受补"了。

"罗辑思维"的商业模式也是资讯互惠原理在起作用。

我天天给你念有营养的段子，口干舌燥的，我推荐您买本书，您总不至于拒绝吧！

有一个观点我很认同，那就是"很少的一部分人在生产网络内容，而绝大部分人在消费网络内容。"在网民之中，原创写手的权重最大，人数也最少；接下去依次是"邮差"，负责转载网络内容的人；活跃用户，参与网络各种活动的人；潜水者，纯粹的网络消费者，提供流量和点击，数量最大。

这种人群的分布满足二八定律，甚至更为严苛，达到1∶9999。提供内容的人永远是最少的，消费者永远是最多的。

第10章
带货文案是怎样说服顾客的

做广告是一门技艺。它是由想成为艺术家的人来操作，由想成为科学家的人来评说。我真想象不出人间还有其他关系能像这种关系这样全面对抗。

——约翰·沃德

有句流传甚广的话说，世界上最难的事有两件：一是把自己的思想装进别人的脑袋，二是把别人的钱装进自己的口袋。其实，这句话其实很啰唆，因为能把自己思想装进别人脑袋的人，是不会为后者发愁的。

让权威与证据说话

或多或少,我们都会信赖权威和专家。研究表明,凭借穿着白大褂的"专家"出示医学统计数据的简单形象,广告客户就能利用公众对医生的认可来影响消费者的行为——不管是支持还是反对一种产品,道理都是一样的。难怪那么多宣传医疗保健产品的广告都突出了穿着白大褂、外表威严的男子形象,因为这样可以立刻获得信任!这些广告客户知道,你很可能会把自己对医生的感觉转移到他们的产品上。这种可预知的组合拳大多数时候都很有成效。

人是群居的动物,人们天然地对科研机构、医疗机构、慈善组织等有一种信赖感。

在广告中融入任一这些组织的形象或标志时,你所获得的信任之强烈,远不是提出具有说服力的论据所获得的信任可比的。

理想的策略是什么?让一家大众信赖的机构提供权威认证,这么做后会立刻将他们的权威和声望转移给你的产品或服务。

当你的潜在顾客看到了一个可信赖的标志,诸如商标、认证书之类的东西，他们对你的产品宣传就不那么怀疑了。

使用那些被人们普遍接受的医学和科学的权威形象也能制造出同样的转移效果。

很简单，想想你的行业中有哪些人物和机构拥有较高的声望，如果能让他们支持你的业务、产品或服务，你就能利用人们对他们的信任进行转移。

正如转移技巧所示，那些能够广泛吸引客户的策略就能获得高度成功。接下来，让我们探索一下"群体说服"的技巧。

就像一名神枪手透过步枪瞄准镜窥视目标一样，到目前为止，我们讨论的技巧针对的都是潜在顾客的内心态度和天生的心理敏感处。而下面的技巧则通过将产品和服务跟那些象征着权威或威望的东西联系起来，从而影响消费者的行为。

文案的基本原则是——告诉你的潜在顾客，他们可从你出售的东西里获得什么利益。

专家和名人代言，本质上是利用他们的"权威性"。但"权威性"有时也会被透支，甚至会激起逆反心理。这时，可以寻求另一种信任感的支撑——"反权威",也就是普通消费者的现身说法(比如电商平台的"买家秀")。所谓"反权威",其实是诉诸证据的一种途径。

"证据"一词的定义:任何真实的陈述、对象或观点,只要使它创造出来的东西跟那些用来支持它的东西不是同一个来源,那它就是证据。更简单地说,证据可以是事实、数据、证明书、担保、研究、图表、视频等,只要它不是你自己创造出来的即可。

极端传闻效应

正如雕爷在《MBA教不了的创富课》里讲过那两则品牌故事。

瑞士军刀在关键时候成了逃生工具,LV箱子的密封性令人瞠目结舌。虽然有点离谱,却令人印象深刻。

近年来,手机挡子弹的新闻越来越多。从最早的诺基亚×2挡狙击枪子弹、HTC Evo 3D、HTC Incredible、黑莓挡手枪子弹,到摩托罗拉Razr挡猎枪子弹,再到iPhone 5S、三星Galaxy S6 Edge挡炸弹碎片,以及华为P8 Lite挡弹……诸如此类的防弹传闻层出不穷。

红米手机官微曾经转发一条微博，某某放在胸口口袋里的红米手机，挡住了工作时飞过来的木头。两天之后，华为终端客服转发微博，某人的华为 P20 从 21 楼摔下去，摔到地面的红砖地板上，除了屏幕后壳碎了和机身弯曲，以及摄像头和免提坏了，其他还能用。

多见效应

我们仅仅因为与某人见过面的次数比较多，就能建立并维系某种好感。毕竟一回生，二回熟，三回四回是朋友。

比方说，一开始，你对张三无好感，但也无恶感。时间长了，由于张三不会伤害或侵犯你，你对张三的好感就会增加。

这在心理学上叫作 Mere Exposure Effect。这个概念的译法有很多，有人翻译为"单纯接触效应"，也有人翻译为"曝光效应"等。

心理学家认为，曝光效应的产生是因为一个刺激的重复曝光并没有产生不好的影响，这样的刺激最终成为一个安全信号，而安全的就是好的。

对于我们的祖先来说，如果他们经常遇见的事物对他们而言是比较安全的。至少说明经常遇到的这个事物并没有把他们吃掉或毒死。比如，每天早上都能看到的果树。这个常见的果树有助于他们找到"家"，或者类似家的栖息地。所以说，我们本能地会喜欢自己常见的、无害的事物。

通俗地说，"单纯接触效应"也可称之为"多见效应"或"混个脸熟效应"，因为这个心理效应的关键在于一个"混"字——量比质更重要。

有位日本营销专家认为，维护客户关系大有学问，见面时间长，不如见面次数多。每月10分钟简单的拜访，要胜过每年打一次高尔夫球。

这就是"混个脸熟效应"，简单的露脸，持续的曝光率，就能获得"人气"。

你有没有这样的经历呢？

某部电视连续剧的主题歌或片尾曲，你起初并不欣赏。等你看了几集以后，觉得这首歌顺耳多了。又看了十几集后，发现自己已经喜欢上了这首歌。

罗伯特·查荣克（Robert B. Zajonc）是斯坦福大学的社会心理学博士，他通过实验证明，人们越多地看到一个"刺激因素"，就会越喜欢它。

他在1968年进行了一项实验，实验方法是准备12张某大学毕业生的大头照，然后随便抽出几个人的照片，并让参加测试的学生们看这些照片。

开始实验时，查荣克对这些学生说："这是一个关于视觉记忆的实验，目的是为了测定你们所看的大头照，能够记忆到何种程度。"

而实验的真正目的，则在于了解观看大头照的次数与好感度的关系。观看各大头照的次数为0次、1次、2次、5次、10次、25次等六个条件，按条件各观看两张大头照。随机抽样，总计86次。

实验结果表明，照片露脸次数与受试者对它们好感度的关系成正比。

也就是说，当观看大头照的次数增加时，不管照片的内容如何，好感度都会明显增加。这也就清楚地证明了"单纯接触效应"的客观存在。

查荣克后来又做了类似这样的实验。

首先,虚构三个单词:ibuci、inilv、ganghood。

接着,让被试者猜测这三个词在突厥语中表示的是好事,还是坏事。

实验结果是,重复次数越多的词,聆听者就越会认为这个词汇代表积极、正面的事物。

其实,这三个词都是凭空捏造的,无论在突厥语还是英语中,都只是一些毫无意义的音节。

后来,查荣克又向一些对汉语一窍不通的被试者展示了一些汉字,结果发现,他们对这些汉字所代表的含义好坏的看法,完全取决于他们看到这些汉字的频率。

我们喜欢赋予我们熟悉的事物更多的好感——熟悉的人物、熟悉的风味、熟悉的话题……熟悉的事物能使人产生安全感、可控感。这个效应应用甚广,可用于政治选举、广告营销、音乐推广等。

多见效应与潜意识广告

多见效应又叫"混个脸熟效应",可能会使你联想起"潜意识广告"。

所谓潜意识广告,就是利用消费者的潜意识知觉进行广告刺激、推广产品的一种手段。比如,食品广告商在播放电影胶片中插入食品图片。比如说一秒50帧的视频,广告商会在中间插入一帧食品的画面。潜意识广告认为,虽然人看不到(太快了)这幅画面,但是在潜意识中有了这个食品的概念,这样就成功地将信息打入潜意识。

实验证明,"潜意识广告"只是一种噱头,并不能影响顾客的购买欲。

但是,"混个脸熟效应"却不同,它是客观存在的。

很多营销策划人会将新产品畅销的功劳据为己有,说某个产品卖得好,是因为自己的广告创意好。

有个企业家不信邪,自己设计一则"土得掉渣"的广告,在电视台投放一段时间后,居然效果非常之好。

"在你发了七次广告之后,人们才开始看它。"

你听说过这句话吗?它很可能改编自一句在销售中使

第10章
带货文案是怎样说服顾客的

用的类似表达:"要完成一项交易,平均需要打七个电话。"不管实际的数字是多少,重复都是在广告中传达观点的重要因素。重复你的信息不仅有助于打破漠不关心的樊篱,而且每重复一次,你的广告都可能被那些以前没注意到它的人看到。

此外,每重复一遍,你的受众都会自然而然地对你的产品和公司更加熟悉。除非他们有特别的理由,否则他们心里就会开始产生接受的感觉。随着这种接受感增强,一种密切的关系就会逐渐建立并发展起来。其实也就是他们开始对你产生舒适感。这种舒适感会带来更强烈的信任感,从而打开销售之门。

所有广告的目的都是在消费者的态度和知觉中创造出边际差异。通过重复,这些小小的差异能够积累形成更大的差异,往往可以让天平朝着有利于广告中宣传的品牌那一方倾斜。

重复会不会带来不利后果?有可能。研究显示,重复的手段仅在最佳范围内有效,超出这个范围,它就会导致失败和消费者的"厌弃"。

存在感决定成败

一些乏味广告，理当遭人厌烦，但其产品销售状况一直不错。

充分运用重复的巨大魔力，使消费者由皱眉，到默认，到记住，到不反感。只要钱多，坚持做广告，劣质的广告也能成功。

有位朋友曾说过，尽管部分广告格调不高，却也基本无害。能让消费者记住，也是一种本事。我对某广告的夸大性宣传心知肚明，但是亲戚生病了，送礼左右为难时，最先想起的就是它了。

也许，在企业草创时期，能让消费者记住的才是硬道理，重复就是力量。消费者记住了，也就顺理成章地会购买，那么销售额也就会提高。

然而，低俗广告具有双刃剑的效果，虽然短期内对销售有贡献，但长远而言，只会建立消极的品牌意象。

重复也是力量

有一句老生常谈的话说：人们对于新生事物，总是抱着戒备和敌视心态。还有句谚语特别有智慧：丈母娘看女婿，越看越有趣。

生物免疫系统会排斥异物的入侵，人类心理上也会本能地戒备陌生的东西，接受熟悉的，怀疑陌生的，这是人类面对不确定事物时的一种本能反应。

聪明企业家都明白从量变到质变的道理。

我们很少一开始就喜欢上陌生的事物，我们喜欢与熟悉的人，谈论自己熟悉的事情，这是人的本性。

"混个脸熟效应"与创新精神是一个矛盾，人类"怀旧"心理会形成一股扼杀原创性的力量。

一个品牌建立，混个脸熟，至关重要。

消费者记忆的形成，需要一个相当长的时期。从陌生变成熟悉，从熟悉变成经典。

不幸的是，一些产品、品牌熬不过这段过渡期，对品牌怀疑了、信念动摇了，或者"子弹"打光了。这是令人相当惋惜的事情。

艺术家们最明白"混个脸熟"的重要性——曝光率比艺术功底更重要；经常露露脸，比一鸣惊人更重要。

一位资深经纪人曾告诉我，所谓"明星"，关键在于混个脸熟。

某些大腕演员不会轻易接戏，但却会时不时地给自己制造点绯闻，或免费客串个角色。这其实是保持人气的一种手段。

有些明星，你记不起他有什么代表作——唱过什么歌、演过什么角色，却依然称其为明星。

某位网络红人，初见时你会产生"生理性厌恶"，在曝光若干年后，你已经能平静看待了。这不是你变得宽容了，也不是产生了"审丑疲劳"，而是"混个脸熟效应"在起作用。

对于那些经纪公司不肯花大钱推广的小明星来说，坚持多露脸，是成功的重要途径。因为高的曝光率会产生多见效应，不断积累人气，直至量变达到质变。

我们对商品的广告态度也是如此。某则电视广告很粗陋，我们一开始很鄙视。但经过一段时间收视后，我们慢慢接受了它的存在，到最后，居然也听起来耳顺了。

当然，过犹不及。尽管宣传、炒作是工作的一部分，但"恶炒"就不好了，这是应该注意的。

第11章
好文案都是故事高手

内容营销,就是为客户创造他们所需要的有趣内容,这才是他们关注你的真正原因。

——戴维·斯科特

"IP",是 Intellectual Property 的缩写,翻译成中文就是"智慧产权",是这两年大热的一个概念。

国外有个戏剧大师曾经归纳过,人世间所有的故事、套路、桥段,也就那么 100 来个。所有的所谓创新,不过是创新排列组合而已。

如果不会设计故事,那只要会抄经典的"梗"与桥段就够了——这些故事的"内核"如同轮子必须设计成圆的一样,你没有必要创新发明轮子。

故事是人类理解世界的方式

10万年前，我们的祖先生活在山洞里。没有手机、电视机、计算机，甚至连文字也没有。最好的文化生活，就是大家一起围坐在篝火边，听年长者讲那过去的故事。

10万年后的今天，小孩子仍然会缠着父母讲睡前故事，才会进入梦乡。故事，是人类解释世界、理解世界最快捷的方式，没有之一。

我们对品牌的理解，也是基于故事，或者某种都市传说。

持续创业者雕爷曾经在《MBA教不了的创富课》里讲过一个都市传说：

很久以前，一个上海朋友到我家暂住。他有一把我觉得挺好玩的维克多维诺斯瑞士军刀。

他就告诉我这叫"瑞士军刀"，这还不足以让我记住。但接下来就难忘了，他说有架飞机坠毁了，一乘客拿出随身携带的瑞士军刀在飞机上刻出一小洞钻了出来。刚出来，飞机就爆炸了。结果就他一人生还。当时我也傻，我也小，那叫一个神往啊。后来，挣了钱就买了一把又一把。

这个故事基本具备了所有灾难片的关键元素：陷入险境、逃生技巧、逃出生天。在这则传奇故事中，连产品功能都被植入进去了。

没有人会太较真这则传闻的真实性，但它真正触发的是人们的原始恐惧：我们陷入困境时怎么办？

雕爷又说了一则关于 LV 的传说。

我第一次认识路易威登（Louis Vuitton，LV），也是上海那个傻乎乎的朋友。他除了有那把瑞士军刀，还有个 LV 的小名片夹。告诉我那个名片夹八百多元。我都傻了，当年八百多元对我来说可是巨款！这还不怎样，那家伙又告诉我，知道泰坦尼克号吧？当泰坦尼克号沉船后过了很多年，有人打捞上来一只 LV 的旅行箱，一打开，里面的衣服居然是干的，你说这 LV 什么质量！我一听又晕了，多年以后……不说了。这两个小故事当年对我的摧残好大啊，品牌如果只是砸硬广告就太没效率了。

泰坦尼克号沉船打捞时，捞出了一只 LV 的箱子，打开箱子，里面的物品仍完好无损。这其实是一个寻宝故事的内核，外壳是 LV 品牌。这是可以指数级传播的都市传说，当然你也可以认为是一种软文。

故事，是人类解释世界的一种方式。有时它荒诞离奇，却无关宏旨。故事不是写实，它只是传达一种意念。

你看京剧，演员出场了，拿一根木棍儿象征马鞭，就表示角色在骑马了。观众依然会入戏，会如醉如痴。现代的电影大片，力图制作大场面，还原真实，观众却不断吐槽。

故事最重要的是情节，最笨拙的讲述者，才会去力图模仿"真实"。

请你回忆，你看过的最好的漫画是哪几部？有几部是3D动画？

真实，从来不是讲故事的人所要关注的。听众也只要得其意，就会忘其形。

认知语言学家马克·特纳认为："讲故事，是一种基本的思维手段，它决定着推理能力。它是展望未来、预测、计划、解释等的主要方式。大多数我们的经历、知识和思想是以故事的方式组织的。"

现代的品牌缔造者，不仅要有深刻的理性思维，还要能像剧作家一样思考，向传统的说书艺人借鉴，了解如何构建故事，将品牌的情感内嵌在消费者的脑海。

在1万年前，可能就已经存在过跨洲的强势媒体——口耳相传。

在我小时候，我的外婆给我讲过一个中国版的狼外婆的故事。里面穿插了很多中国元素，还有朗朗上口的歌谣。

我怀疑，这个故事至少在民间流传几百年了，所以才会讲起来那么流畅，扣人心弦。

后来我查了一下，中国古人的笔记小说里果然有类似"虎媪传"的故事。在大江南北的民间故事里，也有各种版本的"狼娘"故事。我甚至怀疑，在现代印刷术诞生之前，世界各地就已经有了大同小异的狼外婆故事。

在文字普及之前，人们只能靠口耳相传，才能使一个故事得以流传。那些被世人遗忘的故事，一定是不够离奇。

在收音机普及之前，"说书人"一直都是最强势媒体工作者。

在古代，没有版权概念，更没有尊重作品完整性的说法。所以，每个说书人都可以根据自己的"脑补"进行二次创作。于是，很多民间话本成了开放文本，大家一起讲故事丰富起来。可以说，中国的四大名著都是多人共同创作的智慧结晶。

在这些故事中，作者会有意无意地植入自己的主观好恶，陟罚臧否。比如《三国演义》就是植入了儒家正统思想的一部传奇。熟悉《三国演义》的人要比熟悉《三国志》的人多了何止千万倍？

故事，是人类最早的媒体。把品牌植入故事，就是最原始的软文。

你第一次品尝大红袍这种茶，会有人和你讲，只有一棵千年古树上的叶子做的茶才是正宗的大红袍，这棵古树每年只能长出那么一点儿茶叶，连乾隆皇帝的贡茶都是有限的。尼克松总统访华，也仅讨得四两大红袍而已。

各种稀奇古怪的妙药、珍奇，都是因为口头传说而更有神秘感，撩拨着人们的探宝欲望。当年，西洋人不畏跋涉远途，其中一个强大的动机就是因为听了马可波罗的天朝传说。

一些段子手爱拿中国民间美食传说开涮——动不动就和某个著名皇帝扯上关系，比如乾隆。这其实也蛮无聊的，也许真的有关系，但是认真你就输了。

很多世界著名品牌都是不缺这种漏洞百出的传奇故事。如果你觉得可笑，就不应该推崇这些强势品牌。

比如，博柏利（Burberry）的品牌故事，是说过去英国的某个君主，经常在打猎时吩咐手下人说：把我的Burberry风衣拿来。再如爱马仕，也会强调自己祖上虽是小作坊，却曾经为皇室服务过。

原因无它，在世人看来，皇室是人间物质享受的最高等级。编一个与皇室沾边儿的故事，整个品牌瞬间就获得了加持。用营销学的行话来说，这叫"品牌传说"，是用一个故事来解释一种商品的价值、内涵、重要性。

很多人都听过"误摔茅台扬国威"的故事，讲的是100年前的"巴拿马万国博览会"上，中国代表佯装失手摔坏了一瓶茅台酒，顿时酒香四溢，评委们一下子被吸引住了，于是向茅台酒补发了金奖。

在茅台的发展史上，并不是只有这么一个故事，比如开国元勋喜欢茅台，也是一直流传着的故事。这些故事都是极高明的，它填补了某种市场空缺。

茅台的成功并不是靠撒谎编故事，而是确实有一定实力。但如何传播这个"意念"，仅靠数据、靠科学论证是不够的，只能祭出最原始的传媒大杀器——讲故事。

附着于产品之上的品牌传说，只是一种"写意"。有时，媒体较真也没有错，因为有些故事搞得太像真的了。

很多人对软文深恶痛绝，并不是说软文推荐的产品或服务一定不好，而是读者感觉受到了欺骗。如果某些"硬广"只是羞辱了人们的品位，那些假冒新闻的软文则是在侮辱人们的智商。

一些故事，别忘了加个"相传"；一些软文，最好告诉读者这是广告。这样就没人去较真了。

讲述传奇，而不是考据历史

聪明人从不强调真实或正确。

善于辩论的苏格拉底说："我只知道我什么都不知道。"

某自媒体达人说："我什么都不懂，我只会看书。"

……

在这个世界上，绝对的真实、正确也许是一个无法企及的愿景。当你标榜真实的时候，已经为自己挖了一个大坑。

看京剧，比如《霸王别姬》，观众会对舞台上的悲剧英雄项羽报以同情，有人甚至会触景生情潸然泪下！

然而，舞台上并没有一匹真实的骏马，霸王也只是拎了一根小木棍儿代替马鞭。采用这种极简道具只是为了提醒各位看官：请不要入戏太深啊，我们只是在演戏。

假如有位制片人说，他已经拿到了几亿元预算，准备拍一部真实反映楚汉战争的电影，他花大价钱制作了反映秦末的服装、道具、场景。又请人复原了垓下之围的古战场，试图还原当时的场景。又聘请了著名高校教授作为历史顾问。

电影还没有拍，他已经注定要失败了。

戏就是戏，一部了不起的电影，最重要的不是道具，不是场景，甚至不是角儿，而是剧情。观众的预期本来是"得意忘形"的，你非要把观众的预期改为寻找"真实"、改为较真。那好吧，一千个观众心里有一千个罗生门，一千种抬杠也就随之而来了。到时真是百口莫辩啊。

古人很会讲故事。让演员拿一根小木棍儿就代表骑马了，甚至让一个男人来反串女人。原因无它，不断提醒观众：我这只是在演戏而已，请你把注意力集中在情节上，别舍本逐末，把注意力分散到不该注意的地方。

高端巧克力品牌歌帝梵（GODIVA）最早由比利时人创立，后来被卖给美国人，现今则属于土耳其人。

这个品牌附会了一则英国的民间故事，用今天流行的术语说，这个品牌只是借用了一个没有版权的IP，一个意念。

大约1040年，统治英格兰中部的考文垂市的里奥弗雷克伯爵，为筹集军费决定向人民征收重税。伯爵善良美丽的妻子戈黛娃（GODIVA）夫人眼见民生疾苦，恳求伯爵减收征税，减轻人民的负担。

伯爵勃然大怒，说夫人你又为何为这帮贱民苦苦哀求，他们实在不配你的同情。你只有裸体围城走一圈才能明白他们是何等的卑贱龌龊。

夫人说，如果我裸体走一圈你能不能同意减税。伯爵同意了。第二天夫人一丝不挂骑马转城。居民尊重夫人，全部关门闭户，街道空无一人。所有百姓都诚实地回避屋内，令大恩人不至蒙羞。事后，伯爵信守诺言，宣布全城减税。

戈黛娃夫人的传说虽然经不起事实推敲，却偏偏能体现出一种"正能量"的价值观。正是由于荒诞不经，所以才更容易被人记住。

如今，歌帝梵（GODIVA）被打造成一个超级强势的巧克力品牌，年营业额超5亿美元，在全球拥有1000多家门店和专柜。该品牌以巧克力为支点，借势进入高端冰激凌市场，直接抢夺哈根达斯的市场份额；又利用其调香技术优势烘焙不同口味的咖啡豆，与星巴克交锋。

古代的圣哲，在创立教派的时候，他们并没有宣扬什么高深的理论。却非常善于打比喻、讲故事，让即使大字不识的人也能听懂，并能将他的思想口口相传。在识字率不高的古代，故事本身就是最好的媒体。

讲故事是进行"情感刻印"的形式之一。每一种强势的品牌都和强大的宗教一样，总离不开口口相传的经典故事，这些故事以生动的形式承载着愿景、信念和价值观。一些聪明的品牌缔造者洞悉了这一玄机，就会借助经典故事或都市传说来缔造品牌。

品牌传说与"超故事"

姜子牙堪称行为艺术的先驱。

心怀慈悲的隐士姜子牙先生，在渭水边用一把直钩钓鱼。就算是这样，仍然有虾这种无脑生物不断上钩，还要麻烦老先生把它们放生。

这种貌似愚蠢的行为，像长了脚一样很快被人传开了。有一天，他要钓的大鱼上钩了——西伯侯姬昌。

这则故事包含一个隐喻：不要把你的品牌故事做成一把弯钩，试图欺骗人们，而是要做成一把直钩，只用来传达一种意念，把非目标客户屏蔽掉。

把梳子卖给和尚，把冰箱卖给因纽特人是最愚蠢的机灵。你不要试图去抓住所有的客户，你只要抓住真正的客户即可。

毕加索曾言：伟大的艺术家从不抄袭，而是剽窃。

套用这句话，可以说：伟大的品牌从不费尽心机地编故事，而只是天马行空地捏造。

那些让人脑洞大开的品牌故事，简直就是直钩钓鱼嘛！

这其实是基于一个悖论：当你试图仿真时，你已经是在造假。

如果你写过小说，你就会明白，当你试图编一个滴水不漏的故事时，你其实已经漏洞百出了。你所要做的只是以意驭文，而不是试图撒一个弥天大谎。

过去的小说家从不妄图仿真，他们常常会在叙事高峰的时候突然蹦出来，插一句：看官……把读者拉回现实中。现代人把这种叙事手法叫作"超小说"。

套用这种说法，品牌故事也可以是一种"超故事"，可以故意留下破绽，这样一来，就连智商如段子手的人也懒得和你较真了。

有人说：历史只有人名是真的，其他都是假的；小说除了人名是假的，其他都是真的。真作假时假亦真，假作真时真亦假。真与假只是一枚硬币的两面而已。

魔力斯奇那（Moleskine）是一个高端笔记本品牌，这个品牌堪称软文营销的集大成者。

Moleskine，直译过来就是"鼹鼠皮"的意思，这本来是一个法国的笔记本品类，人们将这种绑着皮筋的小本子统一称为"鼹鼠皮"。

19世纪后半叶，鼹鼠皮笔记本诞生在法国的家族经营小作坊里，可能是市场风尚的原因，到了20世纪中后期，生产这种笔记本的法国作坊越来越少，到后来全部关张大吉了，手艺濒临失传。

1996年，来自意大利米兰的一位书商抢注了这个商标，并借尸还魂赋予这个品牌以高大上的内涵，让这款笔记本获得新生。商业运作的关键在于其软文中夸张离奇的品牌传说。

在百度里输入"鼹鼠皮"，类似这样的文字会充斥整个屏幕：

Moleskine 笔记本是两个世纪以来文森特·梵高、巴布罗·毕加索、欧尼斯特·海明威及布鲁斯·查特文等艺术家及思想家手中的传奇笔记本的继承者。

除梵高外，美国小说家海明威及法国画家马蒂斯亦同样是 Moleskine 的 fans 能够深得多位艺术家的欢心，证明

Moleskine 的确魅力非凡。

出于对法律的敬畏，我不敢说这是软文。但它无疑有助于该品牌产品的销售。

通过微博、微信、网站、博客、BBS 社群及虚拟资料库等载体，"鼹鼠皮"类似的传说铺天盖地。更绝的是，作为出版商出身的"鼹鼠皮"老板更懂得图书权威性。有一次我去店里买了个钱夹子，店员还向我推荐了一本书名叫《传奇笔记本 MOLESKINE：书写个性人生的 31 则手账活用术》，作者好像是个日本人。

这些名人是不是真的喜欢用这种笔记本不重要，它只是借用一个传播符号而已，梵高是画家路人皆知，尽管读者未必知道梵高的画好在哪儿。谁不知道海明威是作家，尽管很多人未必读过他的作品。

海明威、梵高在创作的盛年都生活拮据，假如他们真的买过"鼹鼠皮"的本子，原因肯定不是因为昂贵，只是因为比较好用。但众所周知，现在的"鼹鼠皮"采用的是无酸纸，用钢笔写字洇啊。而且，这种笔记本采用的是超高定价策略，价格是同类笔记本的 10 倍。

■习惯用铅笔写作的美国作家欧内斯特·海明威

尽管这不可思议,却是高明的营销策略。魔力斯奇那的老板知道,喜欢和你较真的,肯定不是你的目标客户。它的目标客户是这样一群人:猎奇的人,就想体验一下昂贵的笔记本是什么感觉。或者人很宽容,觉得这种宣传没什么大不了。或者比较欣赏梵高、海明威这样的文化精英,觉得这个笔记本推崇他们也挺好的。

海明威有没有用过鼹鼠皮笔记本?我觉得可能性不大。但这丝毫不会影响我去买这个牌子的产品。

与鼹鼠皮类似的故事还发生在奢侈品牌万宝龙身上。

1992年,万宝龙推出了一款命名为"海明威"的钢笔,很快受到钢笔爱好者的追捧。最荒诞的是,海明威生前从不用钢笔,他只习惯于用铅笔刀刨的铅笔写作。

然而，这种钢笔取得了极大的市场成功。如今，你要买一支"海明威"钢笔，就算特价的也至少要万元以上。从品牌策划上来讲，这只是一种取"其意而忘其形"超故事手法。

故事之核与品牌意象

就算最离经叛道的软文写手，也不得不承认故事的威力。然而，故事是一味猛药，不能乱用。

很多品牌故事，之所以被我们奉为经典，是因为它们流传甚广，成就了一个品牌。

它们流传甚广，不仅是故事讲得好，更是一种文化的折射，这背后的心理学解释叫"集体无意识"。这要从广药王老吉的品牌故事开始说起。

王泽邦（1813—1883年），广东鹤山人，乳名阿吉，成年后人称吉叔，或王老吉。

王泽邦出生的时代是距今约200年的清朝道光年间，那个时候，人们是普遍早婚的，王泽邦15岁的时候就成家立业了。

有一年，广州城疫病蔓延，王泽邦偕同妻儿上山避疫。极富戏剧性的是，王泽邦在避难过程中，于山野遇一位方士，这位云游的世外高人告诉王泽邦一副药方，可以对抗疾病。王泽邦获得药方后，就积极采购药材，认真炮制。

如你所知，这个药方就是后来的王老吉凉茶的原始配方。王泽邦依照药方，熬煮药茶，同时将之免费派发给患病的人服用，据说喝了之后果然药到病除。

此后，王家自是开枝散叶，生意日隆。王泽邦共有三个儿子，长子贵成、次子贵祥、幼子贵发。1883 年，王泽邦去世，享寿 70 岁，葬于白云山大金钟地区。王老吉临终安排，凉茶业务交由三个儿子管理。

长子贵成一支留在大陆发展，次子贵祥一支去往澳门发展。三子贵发最富有开拓精神，在 1889 年带着大儿子王恒裕去了香港。

1897 年，王恒裕一支于香港文武庙直街（今荷李活道）设店，与广州王老吉分家，并将王老吉"杭线葫芦"的商标注册，成为第一个注册的华商商标。葫芦有"悬壶济世，普救众生"的寓意。

■王老吉凉茶创始人王泽邦像

好了，故事讲到这里为止。

王老吉的品牌故事里有一个"内核"，那就是："巧遇白胡子老人，开启外挂模式"。

"白胡子老人"是一个带有典型中国文化色彩的象征，它传达的是长寿、智慧、吉祥、否极泰来。

这种形象充斥在中国的民间传说、武侠小说、传奇故事里。比如，张良巧遇白胡子老人获得兵书。以至于在昆汀的电影或者日本的格斗游戏里，白胡子老人都是绝世高手的。

可以说：故事是表，文化是里。

对于广药集团来说，王泽邦的肖像可能是比红罐包装更有商业价值的一张牌。当广药拿王泽邦肖像注册商标后，遭到了王家后人的一致反对。

太阳底下无新事。这世界上的故事、小说、戏剧，其实都是新瓶装旧酒。比如金庸小说，有乔峰被马夫人陷害的桥段，其实就是武松杀嫂的翻版。这个故事内核叫作"妖女迷行，英雄怒杀"。

粗略估计，人世间故事的内核不超过100种。然而，这100种最基本的故事，可以无限排列组合，衍生出无限精彩的复杂故事出来。

不同的品牌故事内核，会折射出相应的品牌意象，来迎合人们的集体无意识。

集体无意识，是瑞士心理学家、分析心理学创始人荣格提出的分析心理学用语。所谓集体无意识，简单地说，就是一种代代相传的无数同类经验在某一种族全体成员心理上的沉淀物，而之所以能代代相传，正因为有着相应的社会结构作为这种集体无意识的支柱。

荣格认为"集体无意识"中积淀着的原始意象是艺术

创作源泉。一个象征性的作品，其根源只能在"集体无意识"领域中找到，它使人们看到或听到人类原始意识的原始意象或遥远回声，并形成顿悟，产生美感。

荣格认为，无意识有两个层次："个人无意识和集体无意识"。对此，他也有一个形象的比喻："高出水面的一些小岛代表一些人的个体意识的觉醒部分；由于潮汐运动才露出来的水面下的陆地部分代表个体的个人无意识，所有的岛最终以此为基地的海床就是集体无意识。"

"精粹主义"的原始思维方式

著名广告人大卫·奥格威非常欣赏一则广告文案，那是一则治疗脱发的羊毛脂广告：你见过不长毛的羊吗？

这则广告，反映了大众脑子里一种名叫"精粹主义"的原始思维方式。

柏拉图有一个信条：如果有一种真正的真理，那么，任何现实里的真理都是这个理论上的真理的近似。比如说，有一种真正的兔子，那么任何现实里的兔子都是这个理论上的兔子的近似。这个，就是所谓的 Essentialism，翻译为精粹主义或本质主义。

同样的饮食，装在精美的容器里，仿佛会更美味。

有人喜欢搜集被名人用过的物品，仿佛这些物品也受到了能量的"加持"。

原始社会的食人族相信，吃掉某个人，会使他们的"精粹"与自己同在，如勇气、智慧等。

同族食人者会等待种族内的某个人自然死亡后，分食掉他们的尸体。死者的亲朋好友，会通过一些仪式，吃掉死者，通过食人来摄取那个人的"精粹"。

异族食人者则会捕杀外族年轻且健康的人，并吃掉他。这也是希望通过吃人来获取其他人的"精粹"。当然，吃掉俘虏还可以达到震慑敌人的效果。

人类吃特定食物，其实是反映了精粹主义思维方式。

中国人有"吃心补心，吃肝补肝"的说法；英国人则认为 you are what you eat（你就是你所吃的）。

唐僧肉也是人肉。在《西游记》中，妖怪之间流传着这样一则谣言：由于唐僧是十世的好人，并且是处男，所以吃了唐僧肉，就可以获取这些精粹，达到长生不老的效果。

吃人肉，那是相当恐怖的事情，最好永远不要有这样的念头，但现代文明人是否还具有这种思维模式呢？

曾有人做过这样的实验：有一件洗干净并消毒的外套、一件脏外套让人试穿。

然后告诉被试者，那件洗干净的外套是一个杀人犯穿过的，另一件脏外套只是普通人穿过的。如果必须做一个选择，你会选择穿哪一件？结果是绝大部分的被试者选择了穿脏外套。

这其实反映了人类"精粹主义"的思维方式，"精粹主义"对现代人来说仍然是根深蒂固的。

名人物品崇拜，其实也反映了一种"精粹主义"的思维方式。

比如，某位小人物被某位大人物握手，这位小人物甚至会幸福得一星期不洗手。

这算不算是一种非理性呢？如果您被某人握手后，被别人告知，这个握你手的人，其实是个罪犯，你是否会不停的用肥皂洗手呢？

史蒂夫·乔布斯去世后，一个有关他的话题开始传开：

为什么他的车子总是没车号？

一种说法是因为他的特权让他可以无牌驾驶。还有一种说法是因为他有足够的财力，根本不介意支付那些罚款。

但是，据一位在苹果公司工作多年的保安人员透露给媒体，乔布斯的私生活有许多坚持的事情。就如同他一向穿着的黑色高领毛衣、牛仔裤、运动鞋，而他对车子的要求也一样，他总是开着一部无牌的银色奔驰 SL 55 AMG。

依照美国法规，全新的汽车可以有半年时间不用挂牌。所以乔布斯就与租赁公司签了合约，每半年他就要换一部全新的银色奔驰 SL 55 AMG 给他。

假设，乔布斯每半年只给汽车租赁一美元的汽车租赁费用，汽车租赁公司是否愿意做这笔生意呢？

这对租赁公司来说，不但不亏钱，简直是捡到一块天上掉下来的馅饼。因为乔布斯的崇拜者非常多。他们每半年就能拍卖一辆九五成新、被天才乔布斯开过的奔驰 SL 55 AMG。

更重要的是，对奔驰公司来说，再也找不到比乔布斯更牛的形象代言人了。

结　语
灵感是怎么生成的

一切皆有可能。

——李宁广告语

作为一名文案写手，很多人大部分时间是在键盘前苦思冥想、创作文案。可是，你的文案还有两天就要交稿了，焦虑与日俱增，而你的灵感还在沉睡，怎样才能让创意迸发呢？

大胆地去写吧

万事开头难，不少人在写文案时会产生一种障碍，那就是自我怀疑及创作失误。于是乎，缩手缩脚，迟迟不能动笔。

其实,作家这个圈子里有一条格言:"醉时创作,醒时改写",这非常适合文案写手借鉴。

当然,我们不能仅仅按照字面意思去了解。"李白斗酒诗百篇"可能只是一种传说,而你喝醉更可能会趴在桌子上呼呼大睡,根本不能完成任何实际的工作。

"醉时创作,醒时改写"实际上指,书写时要充满激情,进入一种浑然忘我的工作状态,而修改时则要冷静理智。唤起自己的激情,让自己进入一种创意大爆发的状态,你头脑中的创意会让你沉浸于工作,欲罢不能。

这种方法,有助于你创造出最富有激情的文案。

当你创作时,不妨假设自己就是一个酒徒——一名不怕出错、不怕出丑的醉鬼。先把自己不太成熟的想法写出来,哪怕错得离谱,怕什么,不是还有修改这个环节为你兜底嘛。

你的奇思妙想,哪怕1%的灵光一现,都有可能意味着大获成功。你应享受文字的冒险,在创意激荡中尽情发挥,与别人分享更多的精彩。

精彩的文案并不是靠四平八稳就能产生的，你可以利用这种"有计划的沉醉"来激发自己的创作灵感。兴趣、激情是爆款文案的催化剂。在创意这件事上，最大的风险反而是不敢冒险。

当你积累了许多创造性的文字后，可以编辑一下，做出取舍，考虑一下哪些想法切实可行。19世纪法国作家福楼拜一生笔耕不辍，最后正式出版的仅有五部长篇及三部短篇小说。因为他对写作极为认真，力求完美，文字精练到几乎不能增减一个词一句话，加上他文笔优美清新、简洁质朴，具有诗一般的韵律，更增添了文章的魅力。

当你清醒过来时，就会发现自己完全变得小心谨慎了。除非你十分确定无法在实践中应用它们，否则不要太草率地抛弃这些想法。

让灵感发酵

正所谓"文章本天成，妙手偶得之"。完美的文案，似乎自有其形。

灵感总是"来无影去无踪"，而且总是以短暂记忆的形

结　语
灵感是怎么生成的

式乍现，因此，不少知名作家都有随手记录的习惯。

灵感犹如发面团的"酵母"，起初只是一个很小很小的"点子"，经过系统的思考，它会发酵、放大成为一套可行的方案。

很多名著，都是起源于一则小故事，后来在作家笔下演绎成了鸿篇巨制。

福楼拜出生在一个医生世家，他的代表作品《包法利夫人》的情节，是作者的一个朋友所建议的。事情的经过是这样的：

1848年，法国鲁昂附近的一位乡村医生，名叫德拉马尔。他在瑞镇这个乡村小镇上开业行医，他的第一任妻子是个比他大很多的寡妇，在她死后，他又娶了个邻近农夫的漂亮又年轻的女儿。但那是个奢侈又不专一的女人，她很快就厌倦了乏味的他，不断在外勾三搭四，由于在穿着打扮上花费弥多，最后负债累累，无力偿还，无奈地服毒自杀了。这是一宗曾轰动一时的案件，福楼拜以近乎精确的笔触将这个不甚光彩的小故事完全地记述了下来。

福楼拜的座右铭，来自布封的一句格言：想写得好，就得感觉到位、思考到位、叙述到位。伟大的作家，靠的都是日积月累的积淀与笔耕不辍。

日本作家奥野宣之喜欢将写作称为"知识生产"，并将这种知识生产比喻为烹饪。如果把写作比作烹饪的话，那么灵感的累积，无异于高档食材的采购。

假如你冒出了一个创意，不妨立刻就将它记录下来，并给你的想法一些发酵的时间。

爆款文案的写作犹如酿酒，让部分成形的想法酝酿一段时间，在你的脑海中精简一些，直到剩下一个更加统一凝练的结果。

与写作一样，一段"发酵"会让你从新的视角看待自己的工作。记下那些灵感，然后去干自己该干的事情，你的潜意识会帮你发酵这些奇思妙想。

詹姆斯·韦伯·扬在其《创意的生成》一书中提出，创意即旧元素的新组合。因此，在日常创意能力训练过程中，需注重以下五个步骤：

1. 让大脑尽量吸收原始素材，特殊素材（与产品和受众相关）和一般素材（平日积累）。

2. 咀嚼搜集来的材料，直至充分吸收。

3. 放下这个事情，先做点什么事情都行，让灵感在脑海里慢慢发酵。

4. 晚上睡觉之前，把这个事情想一遍，让潜意识运行，等待创意诞生，你只负责记录。

5. 将刚诞生、热乎乎的创意应用于现实，做进一步修正和发展，使之符合现实。

参考文献

[1] 熊猫鲸. 疯转：软文营销72法则[M]. 北京：中国铁道出版社, 2017.

[2] [美]路克·苏立文. 文案发烧[M]. 赵萌萌, 译. 北京：中国人民大学出版社, 2010.

[3] [美]罗伯特·布莱. 文案创作完全手册[M]. 刘怡女, 袁婧, 译. 北京：北京联合出版公司, 2013.

[4] [美]奇普·希思, [美]丹·希思. 让创意更有黏性[M]. 姜奕晖, 译. 北京：中信出版社, 2014.

[5] 孙惟微. 销售猿[M]. 北京：中国海关出版社, 2018.

[6] 张晓枫. 霸屏：超预期的用户传播方法论[M]. 北京：电子工业出版社, 2019.